ITALIENISCHE KÜCHE

Mama kocht für die ganze FAMILIE

ITALIENISCHE KÜCHE

Mama kocht für die ganze FAMILIE

Die besten italienischen Rezepte für jede Generation

Parragon

Bath • New York • Cologne • Melbourne • Delhi
Hong Kong • Shenzhen • Singapore • Amsterdam

Parragon Chartist House,
15-17 Trim Street, Bath, BA1 1HA, UK
www.parragon.com

Layoutkonzept: Sabine Vonderstein, Köln
Ergänzendes Layout: Sian Williams
Neue Fotografie und Fachberatung: Mike Cooper und Lincoln Jefferson
Neue Rezepte: Beverly Le Blanc
Mama Text: Dominic Utton
Senior Commissioning Editor: Cheryl Warner

Realisation der deutschen Ausgabe: trans texas publishing, Köln
Übersetzung: Aggi Becker, Köln

Printed in China
ISBN 978-1-4748-0705-0

Hinweis

Sofern die Schale von Zitrusfrüchten benötigt wird, verwenden Sie unbedingt unbehandelte Früchte. Sind Zutaten in Löffeln angegeben, ist immer ein gestrichener Löffel gemeint. Ein Teelöffel entspricht 5 ml, ein Esslöffel 15 ml. Sofern nicht anders angegeben, wird Vollmilch (3,5 % Fett) verwendet. Es sollte stets frisch gemahlener Pfeffer verarbeitet werden.

Bei Eiern und einzelnen Gemüsesorten, z. B. Kartoffeln, verwenden Sie mittelgroße Exemplare. Kinder, ältere Menschen, Schwangere, Kranke und Rekonvaleszenten sollten auf Gerichte mit rohen oder nur leicht gegarten Eiern verzichten. Die angegebenen Zeiten können von den tatsächlichen leicht abweichen, da je nach verwendeter Zubereitungsmethode und vorhandenem Gerätetyp Schwankungen auftreten.

Wenn nicht anders angegeben, sollten alle Wurzelgemüse vor der Verarbeitung gründlich gewaschen und geschält werden. Beim Garen von Fleisch und Geflügel können Sie ein Bratenthermometer verwenden – lesen Sie hierzu die aktuellen Hinweise der Behörden. Schwangere und stillende Frauen sollten Erdnüsse und Erdnüsse enthaltende Produkte meiden. Einige der in diesem Buch verwendeten Fertigprodukte können Nüsse enthalten, lesen Sie immer die Packungsangaben, falls Sie gegen Nüsse allergisch sind.

Bildnachweis

Der Verlag dankt folgenden Rechteinhabern für die freundliche Erlaubnis zum Abdruck auf den folgenden Seiten:
Cover (Abbildung Mama): Frau Luisa Pierotti © CARLO BAVAGNOLI/Getty Images;
Seite 8 (Abbildung Tomaten, Glas, Teekanne auf Tisch): © Anna Nemoy (Xaomena)/Getty Images.
Seite 9 (Abbildung Rosenblütenblätter in Herzform): © 2009 Chaulafanita/Getty Images.
Alle anderen Nebenabbildungen sind Bilder von iStockphoto.

Inhalt

Einleitung

Ciao amici! Herzlich willkommen in meinem Familienkochbuch. Neben den Rezepten aus meiner Küche habe ich für Sie Familienweisheiten und Notizen aus meinem Leben zusammengetragen. Dies ist mein zweites Kochbuch. Ich hoffe, es gibt Ihnen einen Einblick in die Lebendigkeit und Verbundenheit — und natürlich das wunderbare Essen — einer waschechten italienischen Familie.

Neben vielen köstlichen Rezepten finden Sie in diesem Buch einiges mehr, wie etwa Informationen zur Zubereitung der Mahlzeiten. Ich möchte Ihnen auch vermitteln, wie wir leben und genießen.

Für mich gibt es keinen Unterschied zwischen dem Kochen an sich und der Köchin — ihre Gefühle, Leidenschaft, Liebe und Erfahrung fließen in die Zubereitung des Gerichts ein, und so wird sie selbst ein Teil des Rezeptes! Wenn es ein Wort gibt, das mich beschreibt, so ist es sicherlich die Familie. Familie bedeutet alles für mich. Deshalb werde ich von allen nur Mama genannt!

Doch ich bin zu voreilig, eins nach dem anderen. Zunächst möchte ich Ihnen von mir erzählen. Hier in Apulien, einer Provinz im Süden Italiens, stehe ich einem großen, lauten und glücklichen Haushalt vor. Seit nun beinahe 60 Jahren bin ich mit Alberto verheiratet.

Wir leben ein einfaches Leben hier, brauchen nicht viel und sind glücklich. Alberto und ich haben sechs Kinder, 22 Enkelkinder und 12 Urenkel. Jedes Jahr kommt ein neues Baby! Vielleicht ist es ein Segen, jedenfalls mutet es wie ein Wunder an, dass alle unsere Urenkel wunderbare Jungen sind. Manchmal scherzt Alberto darüber und sagt, dass unsere Urenkel eines Tages eine Fußballmannschaft aufstellen werden, die der göttlichen Mannschaft des AC Mailand von 1989 Konkurrenz macht! Ich glaube ja, sie werden sogar noch besser!

Ich mag zwar die Mama einer Familie von über 40 Mitgliedern (und darin sind weder Alberto noch ich selbst und unsere vielen Cousins, Neffen und Nichten inbegriffen, die oft mit an unserem Tisch sitzen oder mir in der Küche im Weg stehen), aber ich koche natürlich nicht jeden Tag für sie alle. Unsere Kinder haben ja schon eigene Familien.

Doch ich koche nie für mich allein, denn einige der Kinder wohnen bei uns im Ort. Unsere ältesten Söhne, Marco und Filippo, arbeiten in den Olivenhainen, die auch Alberto schon bewirtschaftet hat. Die beiden jüngsten Töchter, Maria und Lucia, haben Männer aus dem Dorf geheiratet und wohnen um die Ecke. Es kommt äußerst selten vor, dass nicht sechs oder sieben hungrige Wesen an meinem Tisch hocken.

Ich liebe meine Familie

Ich habe mein ganzes Leben in diesem Dorf verbracht – wie schon meine Mama, meine Oma und auch meine Urgroßmutter. Tradition wird bei uns sehr hochgehalten.

Nirgendwo wird das so deutlich wie in der Küche. Es braucht Können und Leidenschaft, um eine große Familie zu ernähren, beides wird bei uns von einer Generation an die nächste weitergegeben. Ich bin stolz darauf, dass ich immer gutes, gesundes Essen auf den Tisch gebracht habe.

Italienisches Familienleben bedeutet, sich zum gemeinsamen Essen zusammenzufinden. Meine Erfahrung und Leidenschaft sind auf den folgenden Seiten festgehalten, wie auch die Erfahrung und Leidenschaft derer, die mir alles beigebracht haben. Sie können mir glauben, dass ich die besten Lehrer Italiens hatte – meine Mama und vor ihr meine Oma. Hier finden Sie nicht nur eine Rezeptsammlung, sondern auch ein Stück italienisches Familienleben. *Buon appetito!*

Vorzügliche Antipasti & Vorspeisen

Antipasto bedeutet im Italienischen „vor der Mahlzeit", bei jedem Familienessen werden traditionell zunächst Antipasti gereicht. Damit beginnt das Essen, wenn die Erwartung auf dem Höhepunkt ist und die Küchenchefin eine erste Gelegenheit hat zu zeigen, aus welchem Holz sie geschnitzt ist. Ob köstliche Calamari, eingelegte Oliven, Knoblauchbrot oder Suppe, hier wird der Appetit nicht gestillt, sondern angeregt, in freudiger Erwartung all der Köstlichkeiten, die danach serviert werden! Gelungene Antipasti geben den Ton für das ganze Essen an. Sie sollten wie der erste Kuss einer leidenschaftlichen Liebesaffäre sein: in sich schön, aber nur ein Vorgeschmack der Freuden, die da folgen. Um es mit den weisen Worten meiner Mama zu sagen: Selbst die größte Oper beginnt mit einer Note.

Scarpariello

Hähnchenflügel in Paprikasauce

1. Mehl und Paprikapulver in einer Schüssel vermengen. Die Hähnchenflügel mit Salz und Pfeffer würzen, im Mehl wenden und überflüssiges Mehl abschütteln.

2. Das Öl in einer Pfanne auf mittlerer bis hoher Stufe erhitzen. So viele Hähnchenflügel wie möglich hineinlegen und 3–5 Minuten braten, bis sie von beiden Seiten goldbraun sind. Aus der Pfanne heben und beiseitestellen. Falls nötig, Öl in die Pfanne nachgießen und alle Flügel braten.

3. Das Öl bis auf 1 Esslöffel aus der Pfanne abgießen, die Wurststücke hineingeben und 3–5 Minuten braten, bis sie von allen Seiten braun sind. Aus der Pfanne nehmen und beiseitestellen.

4. Das Fett bis auf 1 Esslöffel aus der Pfanne abgießen. Zwiebel und Paprika in die Pfanne geben und 3–5 Minuten dünsten, bis sie weich sind. Kirschpaprika und Knoblauch hinzufügen und weitere 2 Minuten dünsten, bis der Knoblauch weich ist.

5. Hähnchenflügel und Wurststücke wieder in die Pfanne legen. Hühnerbrühe, Wein, Zitronensaft und nach Belieben Chili einrühren und mit Salz und Pfeffer würzen. Zum Kochen bringen, die Pfanne abdecken, die Hitze reduzieren und 15–20 Minuten köcheln lassen, bis die Hähnchenflügel gar sind und beim Hineinstechen klarer Saft austritt.

6. Fleisch und Gemüse aus der Pfanne heben und auf Teller verteilen. Den in der Pfanne verbleibenden Sud zum Kochen bringen und über das Fleisch verteilen. Mit Petersilie garnieren und sofort servieren.

FÜR 4 PERSONEN

2 EL Mehl
¼ TL scharfes Paprikapulver
24 Hähnchenflügel, im Gelenk zerteilt
2 EL Olivenöl und mehr, falls nötig
4 scharfe italienische Bratwürste, in 4 cm großen Stücken
1 Zwiebel, in feinen Ringen
2 rote Paprika, in Streifen
4 eingelegte Kirschpaprika, in Streifen
4 Knoblauchzehen, in Scheiben
125 ml Hühnerbrühe
125 ml trockener Weißwein
2 EL Zitronensaft
1 Prise getrocknete Chiliflocken
Salz und Pfeffer
4 EL frisch gehackte glatte Petersilie, zum Garnieren

Calamari fritti

Frittierte Tintenfischringe

FÜR 6 PERSONEN

450 g Tintenfisch, küchenfertig
Mehl, zum Bestäuben
Sonnenblumenöl, zum Frittieren
Salz
Zitronenspalten und Aioli, zum Servieren

1. Den Tintenfischmantel in 1 cm breite Ringe schneiden, die Arme halbieren, falls sie zu lang sind. Unter fließend kaltem Wasser abspülen und mit Küchenpapier trocken tupfen. Die Tintenfischringe leicht von allen Seiten mit Mehl bestäuben.

2. Das Öl in einer Fritteuse oder einem Topf auf 180–190 °C erhitzen, ein Brotwürfel sollte in 30 Sekunden darin braun werden. Die Tintenfischringe portionsweise 2–3 Minuten frittieren, dabei mehrfach wenden, bis sie von allen Seiten goldbraun und knusprig sind. Nicht zu lange garen lassen, da der Tintenfisch sonst nicht mehr saftig und zart bleibt, sondern zäh und gummiartig wird.

3. Die frittierten Ringe mit einem Schaumlöffel herausheben und auf Küchenpapier abtropfen lassen, anschließend warm stellen.

4. Salz über die fertigen Tintenfischringe streuen und sehr heiß servieren. Dazu Zitronenspalten und Aioli reichen.

Mamas kleiner Tipp:
Wenn die Tintenfischringe noch etwas mehr Pep bekommen sollen, kann man etwas Cayennepfeffer unter das Mehl mischen.

Arancini

Risottobällchen

1. Das Olivenöl mit 25 g Butter in einem tiefen Topf erhitzen. Die gehackte Zwiebel hineingeben und 5 Minuten dünsten, bis sie weich ist.

2. Den Reis hinzufügen und gut umrühren, sodass er mit Öl und Butter vermengt wird. Unter ständigem Rühren 2–3 Minuten dünsten.

3. Nach und nach die Gemüsebrühe zugießen, nicht mehr als 1 Schöpflöffel voll auf einmal. Sobald der Reis die Flüssigkeit aufgesogen hat, wieder Brühe nachgießen. Unter Rühren etwa 20 Minuten garen, bis der Reis die Gemüsebrühe komplett aufgenommen hat und cremig geworden ist.

4. Den Topf vom Herd nehmen und die restliche Butter unter den Reis mengen. Umrühren und dann den Parmesan einrühren, bis er schmilzt. Mit Salz und Pfeffer würzen und beiseitestellen, bis der Risotto erkaltet ist.

5. 1 Esslöffel Risotto in die Handfläche geben. Darauf 1 Würfel Mozzarella legen und mit 1 Esslöffel Risotto bedecken. Zu einem Bällchen zusammendrücken. Wiederholen, bis die Zutaten verarbeitet sind.

6. Die Bällchen für 10 Minuten in den Kühlschrank stellen. Danach herausnehmen, in das verquirlte Ei tauchen, dann in Semmelbröseln wälzen. Überschüssige Brösel abschütteln. Erneut für 10 Minuten kalt stellen.

7. Ausreichend Öl zum Frittieren in einer Fritteuse oder einem Topf auf 180–190 °C erhitzen. Die Risottobällchen vorsichtig portionsweise für 5 Minuten frittieren, bis sie goldbraun sind.

8. Mit einem Schaumlöffel die Bällchen aus dem Öl heben und auf Küchenpapier abtropfen lassen. Vor dem Servieren leicht abkühlen lassen.

FÜR 4 PERSONEN

1 EL Olivenöl
40 g Butter
1 kleine Zwiebel, fein gehackt
450 g Risottoreis
2 l Gemüsebrühe
55 g frisch geriebener Parmesan
125 g Mozzarella, gewürfelt
1 Ei, verquirlt
120 g frische Semmelbrösel
Öl, zum Frittieren
Salz und Pfeffer

Mamas gelungenes Familienfest

Man sagt, es bräuchte drei Dinge für ein gelungenes Fest: die besten Gäste, das beste Essen und den besten Gastgeber. Nun, wenn die Gäste aus der Familie kommen und Mama die Gastgeberin ist, dann haben wir doch schon halb gewonnen. Und natürlich wird das Essen mit Mamas Rezepten auch das Beste sein …

Wie genau bereite ich ein gelungenes Familienfest vor? Ich habe ein paar Ratschläge, mit denen nichts schiefgehen kann.

Zunächst einmal denken Sie daran: Feste sollen Spaß machen. Auch wenn es ein wenig anstrengend ist, eine große Zusammenkunft vorzubereiten, denken Sie daran, warum Sie es tun. Schließlich geht es um Ihre Lieben. Alles wird gut gehen.

Familien wachsen ständig, und obwohl in Apulien jeder weiß, was der andere tut, mag es noch Freundinnen, Freunde oder Partner geben, die sich untereinander nicht kennen. Ich habe einen kleinen Trick, um zwei Menschen einander vorzustellen – ich nenne ihre Namen und überlege, was sie gemeinsam haben könnten. „Beppe, das ist Alfredo. Alfredos Cousin arbeitet, glaub ich, auch bei dir in Neapel …"

Sie sind zwar die Gastgeberin, doch alle sind gekommen, um Spaß zu haben. Lassen Sie zu, dass das Fest seinen eigenen Rhythmus bekommt: Sie müssen nicht überall zugleich sein!

Für ein Fest müssen Sie keinesfalls die ganze Zeit in der Küche stehen. Sie selbst sollten sich auch amüsieren! Trinken Sie ein Glas Chianti, sobald die gröbste Arbeit getan ist.

Salute!

Obwohl sich die Dinge von selbst ergeben sollten, müssen Sie jedoch mit dem Essen streng sein. Füllen Sie die Häppchen immer wieder nach und stellen Sie sicher, dass Ihre Gäste von allem probieren. Beim Essen an der Tafel rufen Sie alle gleichzeitig zu Tisch.

Und noch etwas ist sehr wichtig: Der Wein muss fließen. Bei uns liegt das in Albertos Zuständigkeit, aber ich gehe gern sicher, dass er die Gläser gefüllt hält.

Bruschetta con funghi

Bruschetta mit Pilzen

FÜR 4 PERSONEN

4 Scheiben Sauerteigbrot, z.B. Pugliese
3 Knoblauchzehen, 1 halbiert und 2 fein gehackt
3 EL natives Olivenöl extra
225 g gemischte Wildpilze, wie z.B. Steinpilze, Pfifferlinge und Wiesenchampignons
25 g Butter
1 kleine Zwiebel, fein gehackt
50 ml trockener Weißwein
Salz und Pfeffer
2 EL frisch gehackte glatte Petersilie, zum Garnieren

1. Den Backofengrill auf mittlere Temperatur vorheizen. Die Brotscheiben beidseitig unter dem Grill toasten.

2. Die Brotscheiben mit der halbierten Knoblauchzehe einreiben und mit 2 Esslöffeln Olivenöl beträufeln, dann warm stellen.

3. Die Pilze gut abreiben, große Pilze halbieren.

4. Das restliche Olivenöl mit der Hälfte der Butter in einer Pfanne erhitzen. Die Pilze zufügen und bei mittlerer Hitze unter Rühren 3–4 Minuten anbraten, bis sie weich sind. Die Pilze mit einem Schaumlöffel aus der Pfanne heben und warm stellen.

5. Die restliche Butter in der Pfanne erhitzen. Zwiebel und gehackten Knoblauch zufügen und unter Rühren 3–4 Minuten anschwitzen, bis sie weich sind. Den Wein zugießen, umrühren und 2–3 Minuten kochen lassen, bis die Flüssigkeit eingekocht ist.

6. Die Pilze zurück in die Pfanne geben und die Temperatur erhöhen. Die Sauce sollte dick genug sein, um die Pilze zu glacieren. Mit Salz und Pfeffer würzen.

7. Die Pilze auf die getoasteten Brotscheiben verteilen, mit Petersilie garnieren und sofort servieren.

Pane all' aglio

Knoblauchbrot

FÜR 6 PERSONEN

150 g weiche Butter
3 Knoblauchzehen, zerstoßen
2 EL frisch gehackte glatte Petersilie
Pfeffer
1 großes oder 2 kleine italienische Weißbrote

1. Den Backofen auf 180 °C vorheizen.
2. Butter, Knoblauch und Petersilie in einer Schüssel gut vermengen. Mit Pfeffer würzen und gut verrühren.
3. Das Brot mehrfach der Länge nach einschneiden, aber nicht ganz durchschneiden.
4. Die aromatisierte Butter über eine Seite jeden Einschnittes streichen und den Brotlaib auf ein großes Stück Alufolie auf ein Backblech legen.
5. Das Brot in die Alufolie einwickeln und im vorgeheizten Ofen 10–15 Minuten backen, bis die Butter geschmolzen und das Brot ganz heiß ist. Auf einem Kuchengitter 5 Minuten auskühlen lassen und dann sofort servieren.

Mamas kleiner Tipp:
Die Hälfte der Petersilie durch frisch gehacktes Basilikum ersetzen, wenn das Knoblauchbrot zu einem Gericht auf Basis von Tomaten gegessen wird.

Bruschetta e olive piccante

Bruschetta & scharfe Oliven

FÜR 4 PERSONEN

450 g schwarze Oliven, entsteint und fein gehackt
2 sonnengetrocknete Tomaten in Olivenöl, abgetropft und in dünne Streifen geschnitten
1–2 rote Chilis, entkernt und fein gehackt
abgeriebene Schale von 2 Zitronen
natives Olivenöl extra
4 große Scheiben Sauerteigbrot oder Landbrot, halbiert
2 Knoblauchzehen, halbiert
4 Frühlingszwiebeln, fein gehackt
Meersalz und Pfeffer

1. Oliven, Tomaten, Chili und Zitronenschale in einer nicht metallenen Schüssel vermengen und mit Pfeffer würzen. Das Olivenöl darübergießen, bis alle Zutaten reichlich von Öl bedeckt sind. Gut verrühren und für mindestens 1 Stunde ruhen lassen. In einem geschlossenen Glas kann die Mischung bis zu einer Woche im Kühlschrank aufbewahrt werden.

2. Vor dem Servieren eine geriffelte Grillpfanne auf hoher Stufe erhitzen. Eine Schicht Brot in die Pfanne legen und für 3 Minuten von jeder Seite grillen, bis schwarze Streifen zu sehen sind und das Brot getoastet ist, danach mit der nächsten Lage wiederholen. Alternativ unter dem Backofengrill toasten.

3. Die Brotscheiben mit den Knoblauchzehen einreiben, dabei gut drücken, dann mit Olivenöl bestreichen und mit Salz bestreuen. Beiseitestellen, während die nächste Lage Brot getoastet wird.

4. Die getoasteten Brotscheiben jeweils in drei Teile schneiden und auf einer Servierplatte anrichten. Die fein gehackten Frühlingszwiebeln unter die Olivenmischung rühren, dann in eine Servierschale geben und mit den Brotstücken servieren.

Funghi farciti

Gefüllte Pilze

FÜR 4 PERSONEN

25 g getrocknete Steinpilze
250 g mehlig kochende Kartoffeln, gewürfelt
2 EL weiche Butter
4 EL Sahne
2 EL frisch gehackter Schnittlauch
8 Portobello-Champignons
25 g geriebener Emmentaler
150 ml Gemüsebrühe
Salz und Pfeffer

1. Den Backofen auf 220 °C vorheizen. Die getrockneten Steinpilze in eine Schüssel geben. Vollständig mit kochendem Wasser bedecken und 20 Minuten ziehen lassen.

2. In der Zwischenzeit die Kartoffeln 10 Minuten in Salzwasser gar kochen. Gut abtropfen lassen und zerstampfen, bis sie glatt sind.

3. Das Wasser von den eingeweichten Steinpilzen abgießen und abtropfen lassen, anschließend die Pilze fein hacken und unter das Kartoffelpüree mengen.

4. Butter, Sahne und Schnittlauch sorgfältig verrühren und unter das Kartoffelpüree mischen. Mit Salz und Pfeffer würzen.

5. Die Stiele der Champignons abschneiden, klein hacken und unter das Kartoffelpüree mengen. Dann das Kartoffelpüree in die Champignonköpfe füllen und den geriebenen Käse darüberstreuen.

6. Die gefüllten Champignons in eine Auflaufform geben und die Brühe zugießen.

7. Die Auflaufform abdecken und 20 Minuten im vorgeheizten Backofen garen. Danach abdecken und weitere 5 Minuten offen backen. Die Pilze sofort servieren.

Insalata di crudo, salami e fichi

Salat von rohem Schinken & Salami mit Feigen

1. Eventuell verbliebene Stiele der Feigen kurz schneiden, dann die Feigen vierteln.

2. Schinken und Salami auf einer großen Servierplatte anrichten.

3. Kräuter und Rucola waschen, trocken tupfen und mit den vorbereiteten Feigen in eine Schüssel geben.

4. Zitronensaft und Olivenöl in einer kleinen Schüssel mit dem Schneebesen verrühren und mit Salz und Pfeffer würzen. Dann die Salatsauce in die Schüssel über Kräuter, Rucola und Feigen gießen. Vorsichtig untermengen, bis alle Zutaten benetzt sind.

5. Feigen und Salat auf die Schinken- und Salamischeiben verteilen und sofort servieren.

FÜR 6 PERSONEN

6 reife Feigen
6 dünne Scheiben Prosciutto (roher luftgetrockneter Schinken)
12 dünne Scheiben Salami
1 kleines Bund frisches Basilikum, in einzelne Stängel zerlegt
einige Zweige frische Minze
1 Handvoll Rucola-Blätter
2 EL Zitronensaft
4 EL natives Olivenöl extra
Salz und Pfeffer

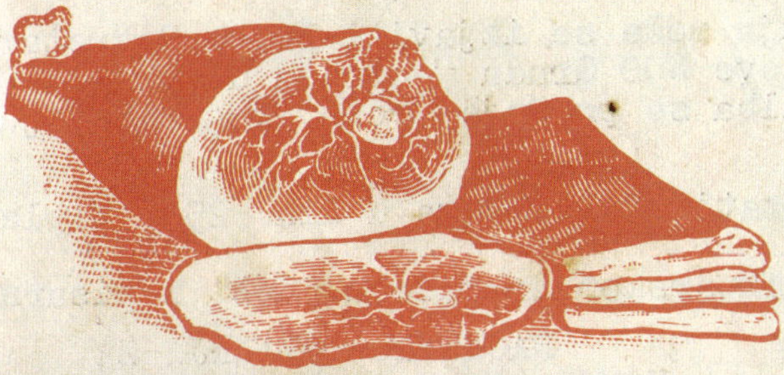

Zucchini fritti

Gebratene Zucchini

Menu

FÜR 4 PERSONEN

2 EL Olivenöl und etwas Olivenöl zum Überträufeln
1 Zwiebel, fein gehackt
2 große Knoblauchzehen, fein gehackt
400 g Zucchini, der Länge nach halbiert und in feine Scheiben geschnitten
½ TL Oregano
150 ml Passata (passierte Tomaten)
Salz und Pfeffer
Scheiben von italienischem Brot, zum Servieren (nach Belieben)

1. Das Olivenöl in einer großen Pfanne auf mittlerer Stufe erhitzen. Die gehackte Zwiebel in die Pfanne geben, die Hitze reduzieren und unter Rühren 5–8 Minuten dünsten, bis sie leicht Farbe annimmt. Dann den Knoblauch hinzufügen.
2. Zucchini und Oregano in die Pfanne geben und mit Salz und Pfeffer würzen. Auf mittlerer Stufe 5–8 Minuten braten, bis die Zucchinischeiben fast weich werden, dabei gelegentlich umrühren.
3. Die passierten Tomaten hinzufügen, aufkochen und weitergaren, bis die Zucchini weich, aber nicht matschig sind, dabei nicht weiterrühren. Falls nötig, nachwürzen.
4. Die Zucchini in eine vorgewärmte Servierschüssel füllen und mit etwas Olivenöl beträufeln. Leicht abkühlen lassen und mit Brotscheiben servieren (nach Belieben).

Minestrone

Minestrone

FÜR 6 PERSONEN

2 EL Olivenöl
1 große Zwiebel, gehackt
2 Knoblauchzehen, fein gehackt
2 Selleriestangen, gehackt
½ kleiner Weißkohl, gerieben
150 ml Rotwein
1,7 l Gemüsebrühe
50 g getrocknete weiße Bohnen, über Nacht eingeweicht und abgetropft
4 Eiertomaten, gehäutet, entkernt und gehackt
2 EL Tomatenmark
2 TL Zucker
2 Karotten, in Würfel geschnitten
50 g frisch gepalte Erbsen
50 g grüne Bohnen, in kurze Stücke geschnitten
50 g getrocknete Suppennudeln
2 EL gehackte gemischte Kräuter
Salz und Pfeffer
frisch geriebener Parmesan, zum Servieren

1. Das Olivenöl in einem großen Topf erhitzen. Zwiebel, Knoblauch und Sellerie hineingeben und auf kleiner Stufe unter gelegentlichem Rühren 5–7 Minuten dünsten, bis die Zwiebel weich ist. Dann den Weißkohl hinzufügen und weitere 5 Minuten kochen, dabei regelmäßig umrühren.

2. Auf mittlere Temperatur erhöhen, den Wein zugießen und 2 Minuten kochen lassen, bis der Alkohol verdunstet ist, dann die Gemüsebrühe zugießen. Die weißen Bohnen zufügen und aufkochen, dann die Hitze reduzieren, den Topf abdecken und für 2½ Stunden sanft köcheln lassen.

3. Tomaten, Tomatenmark, Zucker, Karotten, Erbsen, grüne Bohnen, Suppennudeln und Kräuter in die Suppe geben und mit Salz und Pfeffer würzen. Weitere 20–25 Minuten köcheln lassen, bis die Nudeln gar sind und das Gemüse weich ist.

4. Die Suppe in vorgewärmte Teller füllen und sofort servieren, dazu frisch geriebenen Parmesankäse reichen.

Tortelloni in brodo

Tortelloni in Hühnerbrühe

1. Huhn, Lorbeerblätter, Karotte, Sellerie, Zwiebel und 2 Teelöffel Salz in einen großen Suppentopf geben. Das Wasser darübergießen, sodass alle Zutaten bedeckt sind. Langsam bis kurz vor den Siedepunkt erhitzen, gelegentlich den Schaum von der Oberfläche abschöpfen. Die Flüssigkeit darf nicht kochen.

2. Auf niedrige Temperatur stellen, den Deckel auf den Topf legen und 1 Stunde köcheln lassen. Falls nötig, nochmals abschäumen. Die Parmesanrinde zufügen, den Topf erneut bedecken und weitere 20 Minuten auf niedriger Hitze garen, bis das Huhn zart ist und heller Saft austritt, wenn man in den dicksten Teil sticht. Die Hühnerteile aus der Brühe nehmen (falls sie als Hauptgericht serviert werden, so lange beiseitestellen). Die Parmesanrinde aus der Brühe nehmen und wegwerfen.

3. Die Flüssigkeit in eine große Schüssel abgießen, das Gemüse dabei zurückhalten. Die Oberfläche noch einmal abschöpfen, anschließend 1,2 l der Brühe in einen großen Topf gießen. Eventuell mit Salz nachwürzen und nach Belieben Pfeffer hinzufügen..

4. Zum Kochen bringen, die Tortelloni in die Brühe geben und je nach Packungsangabe 2 Minuten kochen, bis sie weich sind.

5. Tortelloni und Brühe in Suppenschalen oder Suppenteller füllen und nach Belieben mit frisch geriebenem Parmesan servieren.

FÜR 4 PERSONEN

1 Suppenhuhn (1,6 kg, zerlegt und Haut abgezogen)
2 Lorbeerblätter
1 große Karotte, grob gehackt
1 große Selleriestange mit Grün, grob gehackt
1 große Zwiebel, ungeschält, geviertelt
2 l Wasser
5-cm-Stück Parmesanrinde
300 g frische Tortelloni
Salz und Pfeffer
frisch geriebener Parmesan, zum Servieren (nach Belieben)

Mamas kleiner Tipp:
Gewiefte italienische Köche machen aus diesem einfachen Gericht zwei Gänge. Das Huhn warm stellen und als Hauptgang servieren.

Zuppa di pomodoro

Tomatensuppe

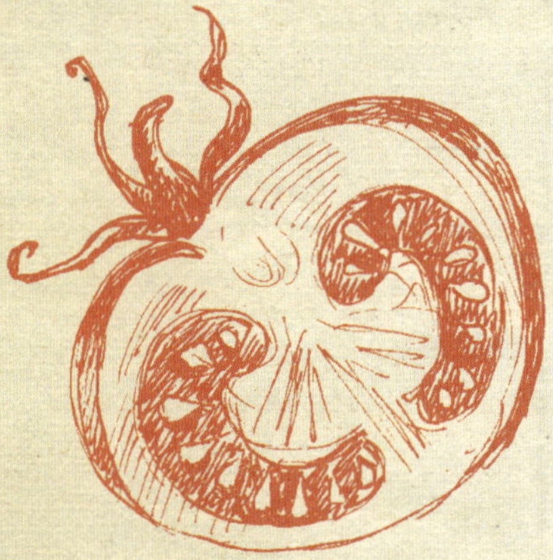

FÜR 4 PERSONEN

1 EL Olivenöl
4 große Eiertomaten
1 Zwiebel, geviertelt
1 Knoblauchzehe, in feine Scheiben geschnitten
1 Selleriestange, grob gehackt
500 ml Hühnerbrühe
50 g getrocknete Suppennudeln
Salz und Pfeffer
frisch gehackte glatte Petersilie, zum Garnieren

1. Das Olivenöl in einen großen Topf gießen und Tomaten, Zwiebel, Knoblauch und Sellerie hineingeben. Den Topf abdecken und auf niedriger Hitze 45 Minuten kochen lassen, bis die Zutaten sehr weich gekocht sind, gelegentlich den Topf leicht schütteln, damit nichts ansetzt.

2. Die gegarte Tomatenmischung in der Küchenmaschine oder mit einem Stabmixer zu feinem Püree zerkleinern.

3. Das Tomatenpüree durch ein Sieb in einen Topf streichen.

4. Die Hühnerbrühe mit in den Topf gießen und alles zum Kochen bringen. Dann die Suppennudeln zufügen, aufkochen und je nach Packungsangabe 8–10 Minuten kochen, bis die Nudeln weich sind, aber noch etwas Biss haben. Mit Salz und Pfeffer würzen.

5. Auf vorgewärmte Teller füllen, mit Petersilie garnieren und sofort servieren.

Zuppa di vongole

Venusmuschelsuppe

1. Das Olivenöl in einem großen Topf auf mittlerer Stufe erhitzen. Fischköpfe, Zwiebel, Karotte, Sellerie und Fenchel hineingeben und bei niedriger Hitze 8 Minuten schmoren lassen. Den Knoblauch zufügen und weitere 2 Minuten schmoren.

2. Den Wein einrühren, zum Kochen bringen und weiterkochen, bis er auf die Hälfte reduziert ist. Dann Passata, Wasser und Chiliflocken (nach Belieben) zufügen und mit Salz und Pfeffer würzen. Aufkochen und gelegentlich den Schaum von der Oberfläche abschöpfen. Auf niedriger Hitze 15 Minuten köcheln lassen.

3. In der Zwischenzeit die Venusmuscheln mehrfach im kalten Wasserbad säubern, bis das Wasser klar bleibt. Beschädigte Muscheln und solche, die sich nicht schließen, wenn man dagegenklopft, wegwerfen. Den Backofengrill auf hohe Stufe stellen und die Brotscheiben von beiden Seiten darunter rösten.

FÜR 4 PERSONEN

4 EL Olivenöl
2 Fischköpfe oder 350–400 g Fischstücke
1 Zwiebel, gehackt
1 Karotte, klein gewürfelt
1 Selleriestange, klein gewürfelt
1 Fenchelknolle, klein gewürfelt
2 große Knoblauchzehen, gehackt
250 ml trockener Weißwein
700 ml Passata (passierte Tomaten)
700 ml Wasser
1 Prise Chiliflocken (nach Belieben)
1,3 kg frische, abgebürstete Venusmuscheln
4 Scheiben italienisches Brot vom Vortag
500 g Tomaten, entkernt und gewürfelt
1 EL frisch gehackte Minze
1 EL frisch gehackter Dill
Salz und Pfeffer

4. Die Suppe durch ein mit einem Nesseltuch ausgelegtes Sieb pressen, dabei fest drücken, um so viel Aroma wie möglich zu erhalten. Die gesiebte Flüssigkeit in einen großen Topf gießen und auf hoher Temperatur zum Kochen bringen. Dann auf niedrige Hitze reduzieren, die Venusmuscheln zufügen, den Deckel auf den Topf legen und 3–5 Minuten köcheln lassen, bis die Muscheln geöffnet sind. Mit einem Schaumlöffel eventuell nicht geöffnete Muscheln herausheben und wegwerfen.

5. Tomaten, Minze und Dill unterrühren, falls nötig, mit Salz und Pfeffer nachwürzen und weitere 2 Minuten köcheln lassen. Auf den Boden der vier vorgewärmten Suppenschalen je ein Stück geröstetes Brot legen, Muscheln und Suppe darübergeben und sofort servieren.

Caponata

Auberginengemüse

Mamas kleiner Tipp:
Caponata schmeckt noch besser, wenn sie bereits ein oder zwei Tage im Kühlschrank aufbewahrt wurde. Sie eignet sich wunderbar für ein Picknick.

FÜR 4 PERSONEN

4 EL Olivenöl
2 Selleriestangen, gehackt
2 rote Zwiebeln, in Ringen
450 g Auberginen, gewürfelt
1 Knoblauchzehe, fein gehackt
5 Eiertomaten, klein gehackt
3 EL Rotweinessig
1 EL Zucker
3 EL entsteinte grüne Oliven
2 EL Kapern
4 EL frisch gehackte glatte Petersilie
Salz und Pfeffer
Ciabatta, zum Servieren

1. 2 Esslöffel Olivenöl in einem großen Topf erhitzen. Sellerie und Zwiebeln hineingeben und auf niedriger Hitze unter gelegentlichem Rühren 5 Minuten dünsten, bis das Gemüse weich ist, ohne zu bräunen.

2. Das restliche Olivenöl zugießen und die Auberginenstücke in den Topf geben. 5 Minuten schmoren, bis die Auberginenstücke Farbe annehmen, dabei regelmäßig umrühren.

3. Knoblauch, Tomaten, Essig und Zucker zufügen und gut verrühren. Mit Backpapier abdecken und 10 Minuten auf kleiner Hitze schmoren.

4. Das Backpapier entfernen, Oliven und Kapern untermischen und mit Salz und Pfeffer würzen. Dann in eine Servierschüssel füllen und auf Zimmertemperatur abkühlen lassen.

5. Wenn die Caponata abgekühlt ist, mit Petersilie garnieren und mit Ciabatta servieren.

Pizza & Pasta

Ach ja, Pizza und Pasta sind wohl die Grundrezepte jeder italienischen Familienköchin. Es sind einfache, gesunde und köstliche Gerichte, die jederzeit allen schmecken. Ob der bescheidene Bauer, der in den Weinbergen Kalabriens schwitzt, oder der Premierminister und die Würdenträger in Rom — sie alle setzen sich gern zu Pizza mit Pilzen oder hausgemachten Gnocchi mit Walnuss-Pesto an den Tisch. Wissen Sie, ich kann gar nicht verstehen, warum die Leute tiefgefrorene Pizza kaufen. Mein Sohn Gianluca — er trägt einen Anzug und arbeitet in der Stadt — sagt, dass manche Leute heutzutage im modernen Leben so beschäftigt sind und alles so schnell gehen muss. Anscheinend gibt es oft keine Zeit, zu Hause zu kochen . . . aber das ist doch Unsinn. In diesem Kapitel zeige ich Ihnen, wie leicht jeder Pizza und Pasta selbst zubereiten kann.

Pizza alla salsiccia

Wurst-Pizza

1. Die Zwiebelringe in eine nicht metallene Schüssel legen, 2 Teelöffel Salz darüberstreuen, gut vermischen und mindestens 20 Minuten beiseitestellen.

2. In der Zwischenzeit den Backofen auf 220 °C vorheizen. Zwei Backbleche mit Polenta oder Mehl bestäuben und beiseitestellen.

3. Das Öl auf hoher Temperatur in einer großen Pfanne erhitzen. Das Wurstbrät hineingeben und unter regelmäßigem Rühren 3–5 Minuten braten, bis das Fleisch gar ist. In ein Sieb geben und abtropfen lassen.

4. Die Zwiebelringe abspülen und mit Küchenpapier trocken tupfen.

5. Den Pizzateig auf einer mit Mehl bestäubten Arbeitsfläche ausrollen und kneten. Dann in vier gleich große Stücke teilen und jedes zu einer Kugel rollen. Während ein Teil des Teigs bearbeitet wird, sollte der Rest abgedeckt sein.

6. Jede Teigkugel mit einer leicht bemehlten Teigrolle zu einem 23–25 cm großen Kreis ausrollen und auf das vorbereitete Backblech legen. Jeweils mit einem Viertel der Tomatensauce bestreichen, dann ein Viertel der Wurst und der Zwiebelringe darüber verteilen. Den Parmesankäse darauf verteilen und alles mit Salz und Pfeffer würzen.

7. Die Pizzen im vorgeheizten Ofen 15–18 Minuten backen. Der Teig sollte knusprig und der Käse geschmolzen und goldfarben sein, dann sofort servieren.

FÜR 4 PERSONEN

1 rote Zwiebel, in feine Ringe geschnitten
feine Polenta oder Mehl, zum Bestäuben
2 EL Olivenöl
500 g italienische Bratwurst (mild oder scharf), ohne Haut und grob zerdrückt
1 Portion Pizzateig (s.S. 45)
Mehl, zum Kneten des Teigs
125 ml fertige Pizza-Tomatensauce
55 g frisch geriebener Parmesan
Salz und Pfeffer

Mamas kleiner Tipp:
Schauen Sie mal auf den Seiten 44 und 45 nach, dort finden Sie die Anleitung zur perfekten Pizza!

Mamas Tipps für die perfekte Pizza

Pizza mögen einfach alle in meiner Familie. Vor einigen Jahren kam doch mein Sohn Gianluca und versuchte, mir weiszumachen, dass wir Italiener das Rezept von den alten Griechen hätten. Darauf habe ich geantwortet, dass in Mamas Familie bereits seit Jahrhunderten Pizza gebacken wird – wenn überhaupt, verdanken die alten Griechen ihre Nahrung meinen Vorfahren, was kümmern mich die Geschichtsbücher!

Wir haben sie über all die Jahre immer in etwa nach demselben Rezept zubereitet. Mein Pizza-Grundrezept ist wirklich einfach – und einfach gut!

ERGIBT 4 PIZZEN VON 23–25 CM Ø

450 g Mehl, plus etwas mehr zum Bestäuben
7 g Trockenbackhefe
1 TL Salz
1 EL natives Olivenöl extra, plus etwas mehr zum Benetzen der Schüssel
225–300 ml warmes Wasser (etwa 46 °C)

Mamas Pizzateig

1. Mehl, Hefe und Salz in einer großen Schüssel vermengen und in die Mitte eine Mulde drücken. Öl und 225 ml Wasser hineingießen und nach und nach das Mehl von den Seiten her untermengen, bis ein weicher Teig entsteht – das Mehl sollte mit weicher Bewegung, fest, aber sanft, eingearbeitet werden. Wenn nötig, etwas mehr Wasser zugießen.

2. Dann den Teig auf eine leicht bemehlte Arbeitsfläche legen und kneten, bis er glatt, geschmeidig und dehnbar ist. Nun kann etwas fester geknetet werden – der Teig darf spüren, wer die Chefin ist! Wenn der Teig die richtige Konsistenz hat, kann er zu einer Kugel geformt werden.

3. Die Schüssel waschen und abtrocknen, dann die Innenseite mit Öl bestreichen. Die Teigkugel hineinlegen und herumrollen, sodass sie leicht mit Öl überzogen ist. Die Schüssel mit Frischhaltefolie bedecken und den Teig an einem warmen Ort gehen lassen, bis er sich verdoppelt hat.

Folgen Sie den Rezeptanleitungen – aber seien Sie mit dem Belag nicht zu knauserig!

Pizza fiorentina

Pizza mit Spinat & Ei

ERGIBT 2 PIZZEN

feine Polenta oder Mehl, zum Bestäuben
250 g Spinat, gewaschen und abgetropft
½ Portion Pizzateig (s.S. 45)
Mehl, zum Kneten
200 ml fertige Pizza-Tomatensauce
2 Knoblauchzehen, fein gehackt
25 g schwarze Oliven, entsteint und halbiert
2 EL Olivenöl mit Knoblauch
2 Eier
85 g frisch geriebener Grana Padano oder Parmesan
Salz und Pfeffer

1. Den Backofen auf 220 °C vorheizen. Ein großes Backblech mit Polenta oder Mehl bestäuben und beiseitestellen.

2. Den Spinat in einen kleinen Topf geben und auf niedriger Hitze 1–2 Minuten garen, bis er zusammengefallen ist. In ein Sieb schütten und mit der Rückseite eines Löffels ausdrücken, damit möglichst viel Wasser entweicht.

3. Den Pizzateig auf der bemehlten Arbeitsfläche sanft kneten. In zwei gleich große Portionen teilen und jede zu einer Teigkugel formen.

4. Jede Portion Teig mit einer bemehlten Teigrolle zu einem Kreis von 23–25 cm Durchmesser ausrollen und auf das vorbereitete Backblech legen. Jeden Teig mit der Hälfte der Tomatensauce bestreichen und anschließend mit gehacktem Knoblauch bestreuen. Darauf Spinat und Oliven verteilen, mit Knoblauchöl beträufeln und mit Salz und Pfeffer würzen.

5. Im Ofen 11–13 Minuten backen, aus dem Ofen nehmen und in die Mitte jeder Pizza eine kleine Einkerbung machen. Jeweils ein Ei aufschlagen und in die Einkerbung gleiten lassen, dann mit Käse bestreuen. Die Pizza wieder zurück in den Backofen schieben und weitere 3–5 Minuten backen, bis die Eier soeben gar sind. Sofort servieren.

Pizza Margherita

Pizza mit Käse & Tomaten

1. Den Backofen auf 220 °C vorheizen. Ein großes Backblech mit Polenta oder Mehl bestäuben und beiseitestellen.

2. Den Pizzateig auf der bemehlten Arbeitsfläche sanft kneten. In zwei gleich große Portionen teilen und jede zu einer Teigkugel formen. Dabei die andere Portion abdecken.

3. Jede Portion Teig mit einer bemehlten Teigrolle zu einem Kreis von 23–25 cm Durchmesser ausrollen und auf das vorbereitete Backblech legen.

4. Jeden Pizzateig mit Tomaten- und Mozzarellascheiben belegen. Mit Salz und Pfeffer würzen, Basilikum darüberstreuen und mit Olivenöl beträufeln.

5. Im vorgeheizten Ofen 15–18 Minuten backen, bis der Teig knusprig und der Käse geschmolzen und goldgelb ist.

6. Sofort servieren.

ERGIBT 2 PIZZEN

- feine Polenta oder Mehl, zum Bestäuben
- ½ Portion Pizzateig (s. S. 45)
- Mehl, zum Kneten
- 6 Tomaten, in feine Scheiben geschnitten
- 175 g Mozzarella, in feine Scheiben geschnitten
- 2 EL frisch gehacktes Basilikum
- 2 EL Olivenöl
- Salz und Pfeffer

Pizza alle verdure

Gemüsepizza

1. Eine geriffelte Grillpfanne auf hoher Stufe erhitzen. Die Zucchinischeiben mit Öl bestreichen und nebeneinander in die Pfanne legen. 1–2 Minuten von jeder Seite braten, bis schwarze Streifen auf den Zucchini sind und die Zucchini heiß sind. Aus der Pfanne nehmen, beiseitestellen und mit den übrigen Zucchinischeiben fortfahren.

2. In der Zwischenzeit den Backofen auf 220 °C vorheizen. Zwei große Backbleche mit Polenta oder Mehl bestäuben und beiseitestellen.

3. Den Pizzateig auf der bemehlten Arbeitsfläche sanft kneten. In vier gleich große Portionen teilen und jede zu einer Teigkugel formen.

4. Jede Teigkugel mit einer bemehlten Teigrolle zu einem Kreis von 23–25 cm Durchmesser ausrollen und auf eines der vorbereiteten Backbleche legen.

ERGIBT 4 PIZZEN

- 2 Zucchini, der Länge nach halbiert und in feine Halbmondscheiben geschnitten
- 1 EL Olivenöl, plus etwas mehr (bei Bedarf)
- feine Polenta oder Mehl, zum Bestäuben
- 1 Portion Pizzateig (s.S. 45)
- Mehl, zum Kneten
- 125 ml fertige Pizza-Tomatensauce
- 16 sonnengetrocknete Tomaten in Öl, abgetropft und geviertelt
- 2 TL getrockneter Dill
- 120 g weicher Ziegenkäse, zerkrümelt
- Salz und Pfeffer

Mamas kleiner Tipp:
Verteilen Sie eine Handvoll entsteinter schwarzer Oliven über die belegten Pizzen, bevor sie in den Ofen geschoben werden. Die Oliven passen wunderbar zum Ziegenkäse.

5. Jede Pizza mit Tomatensauce bestreichen, jeweils mit einem Viertel der Zucchinischeiben und Tomaten belegen und mit Dill bestreuen. Den Ziegenkäse gleichmäßig darauf verteilen und mit Salz und Pfeffer würzen.

6. Die Pizzen 15–18 Minuten im vorgeheizten Ofen backen, bis der Teig knusprig und der Käse geschmolzen ist. Sofort servieren.

Pizza ai gamberi

Pizza mit Garnelen

ERGIBT 2 PIZZEN

feine Polenta oder Mehl, zum Bestäuben
½ Portion Pizzateig (s. S. 45)
Mehl, zum Kneten
200 ml fertige Pizza-Tomatensauce
200 g Thunfisch aus der Dose
140 g gekochte Garnelen, ausgelöst
100 g Mozzarella, gerieben
1 EL frisch gehackte Petersilie
1 EL frisch gehackter Oregano
1 Knoblauchzehe, gehackt
2 EL Olivenöl

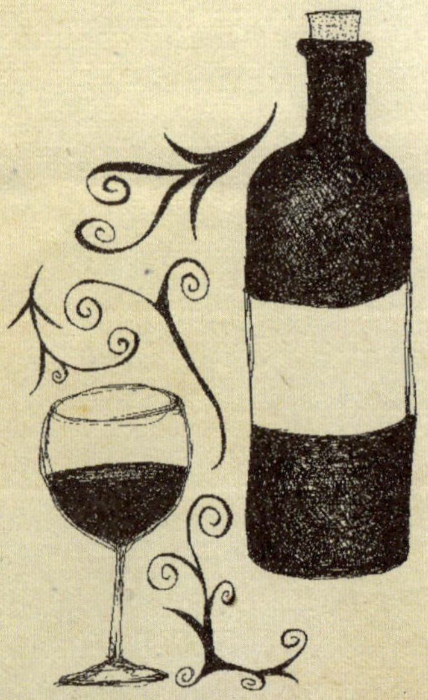

1. Den Backofen auf 220 °C vorheizen. Ein großes Backblech mit Polenta oder Mehl bestäuben und beiseitestellen.

2. Den Pizzateig auf der bemehlten Arbeitsfläche sanft kneten. In zwei gleich große Portionen teilen und jede zu einer Teigkugel formen.

3. Jede Teigkugel mit einer bemehlten Teigrolle zu einem Kreis von 23–25 cm Durchmesser ausrollen und auf das vorbereitete Backblech legen.

4. Beide Pizzaböden mit Tomatensauce bestreichen. Den Thunfisch grob mit der Gabel zerpflücken und gleichmäßig über beide Böden verteilen, dann die Garnelen darauflegen. Mit Mozzarella bestreuen.

5. Petersilie, Oregano, Knoblauch und Olivenöl gut verrühren und über die Pizzen träufeln.

6. Die Pizzen 15–18 Minuten im vorgeheizten Ofen backen, bis der Teig knusprig und der Käse geschmolzen und goldgelb ist. Danach sofort servieren.

Calzone con tonno e peperoni rossi

Calzone mit Thunfisch & roter Paprika

ERGIBT 4 PIZZEN

feine Polenta oder Mehl, zum Bestäuben
1 Portion Pizzateig (s.S. 45)
Mehl, zum Kneten
125 ml fertige Pizza-Tomatensauce
350 g Thunfisch in Olivenöl, abgetropft
12 gegrillte eingelegte Paprika in Olivenöl, abgetropft und in Streifen geschnitten, Öl aufbewahrt
100 g schwarze Oliven, entsteint und in Streifen geschnitten
Salz und Pfeffer

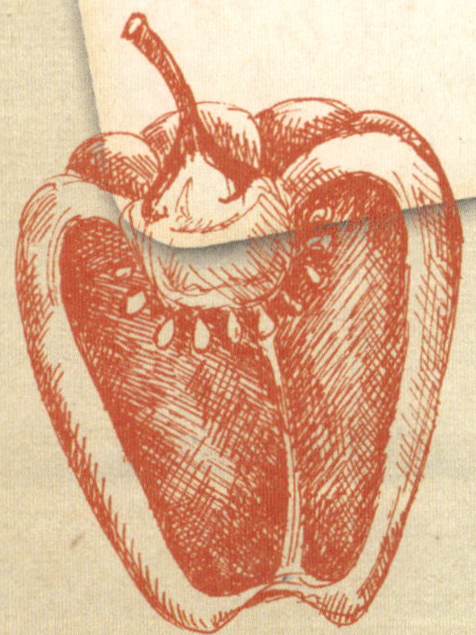

1. Den Backofen auf 220 °C vorheizen. Ein großes Backblech mit Polenta oder Mehl bestäuben und beiseitestellen.

2. Den Pizzateig auf der bemehlten Arbeitsfläche sanft kneten. In vier gleich große Portionen teilen und jede zu einer Teigkugel formen.

3. Jede Teigkugel mit einer bemehlten Teigrolle zu einem Kreis von 23–25 cm Durchmesser ausrollen. Jeweils nur eine Hälfte des Pizzabodens belegen, diese Hälfte mit einem Viertel der Tomatensauce bestreichen, dabei einen Rand von 1 cm lassen. Danach mit einem Viertel des Thunfischs, der Paprika und der Oliven belegen. Mit Salz und Pfeffer würzen.

4. Die nicht belegte Seite des Pizzateiges über die Füllung legen und den unteren Rand noch einmal darüber umschlagen. Der Rand sollte dicht schließen, damit sich die Calzone während des Backens nicht öffnet und die Füllung ausfließt.

5. Die Calzone auf das Backblech legen und mit einem Geschirrtuch abdecken, während die restlichen Teigböden vorbereitet werden.

6. Die Oberseite der Calzone mit dem von der eingelegten Paprika verbliebenen Olivenöl bestreichen. Im vorgeheizten Ofen 15–18 Minuten backen, bis die Calzone aufgeplustert und goldbraun sind. Einige Minuten abkühlen lassen, dann servieren.

Pizza capricciosa

Pizza mit Salami & Artischocken

ERGIBT 2 PIZZEN

feine Polenta oder Mehl, zum Bestäuben
½ Portion Pizzateig (s.S. 45)
Mehl, zum Kneten
200 ml fertige Pizza-Tomatensauce
250 g italienische Salami, in feinen Scheiben
1 orangefarbene Paprika, entkernt und in feine Streifen geschnitten
150 g Artischockenherzen in Öl, abgetropft und geviertelt
½ TL getrockneter Oregano
175 g weicher Ziegenkäse, in dünne Scheiben geschnitten
Salz und Pfeffer

1. Den Backofen auf 220 °C vorheizen. Ein großes Backblech mit Polenta oder Mehl bestäuben und beiseitestellen.
2. Den Pizzateig auf der bemehlten Arbeitsfläche sanft kneten. In zwei gleich große Portionen teilen und jede zu einer Teigkugel formen.
3. Jede Teigkugel mit einer bemehlten Teigrolle zu einem Kreis von 23–25 cm Durchmesser ausrollen und auf das vorbereitete Backblech legen.
4. Beide Pizzaböden bis fast an den Rand mit Tomatensauce bestreichen. Dann Salami, Paprika, Artischocken und Oregano darüber verteilen, mit Käse bestreuen und mit Salz und Pfeffer würzen.
5. 15–18 Minuten im vorgeheizten Ofen backen, bis der Teig knusprig und der Käse geschmolzen ist. Sofort servieren.

Pizza ai funghi

Pizza mit Pilzen

1. Den Backofen auf 220 °C vorheizen. Zwei große Backbleche mit Polenta oder Mehl bestäuben und beiseitestellen.

2. Das Olivenöl in einer großen Pfanne auf mittlerer bis hoher Stufe erhitzen. Die Wiesenchampignons hineingeben, Thymianblätter und Chili (nach Belieben) zufügen. Mit Salz bestreuen und unter Rühren 5–8 Minuten braten, bis die Champignons zart sind und die abgegebene Flüssigkeit wieder aufgenommen haben.

3. Den Pizzateig auf der bemehlten Arbeitsfläche sanft kneten. In vier gleich große Portionen teilen und jede zu einer Teigkugel formen.

4. Jede Teigkugel mit einer bemehlten Teigrolle zu einem Kreis von 23–25 cm Durchmesser ausrollen und auf das vorbereitete Backblech legen. Mit einem Schaumlöffel auf jeden Pizzaboden ein Viertel der Pilzmischung verteilen, vorher so viel Öl wie möglich abtropfen lassen. Den Käse darüberstreuen und mit Salz und Pfeffer würzen.

5. 15–18 Minuten im vorgeheizten Ofen backen, bis der Teig knusprig und der Käse geschmolzen und goldgelb ist. Sofort servieren.

ERGIBT 4 PIZZEN

feine Polenta oder Mehl, zum Bestäuben
2 EL Olivenöl
800 g Wiesenchampignons, in feine Scheiben geschnitten
4 Zweige frischer Thymian, Blätter abgezupft, oder 1 EL getrockneter Thymian
½ TL getrocknete Chiliflocken (nach Belieben)
1 Portion Pizzateig (s.S. 45)
Mehl, zum Kneten
350 g Taleggio-Käse, Rinde entfernt und in feine Scheiben geschnitten
Salz und Pfeffer

Mamas kleiner Tipp:
Falls Sie diese Pizza mit Knoblaucharoma genießen möchten, braten Sie die Pilze vorher in Knoblauchöl und träufeln zum Schluss etwas Knoblauchöl über die fertige Pizza.

2

4

4

Pizza ai carciofi

Pizza mit Artischocken

ERGIBT 4 PIZZEN

- feine Polenta oder Mehl, zum Bestäuben
- 1 Portion Pizzateig (s.S. 45)
- Mehl, zum Kneten
- 400 g Artischockenherzen in Öl
- 8 milde ganze Chilis in Öl
- 4 Knoblauchzehen, fein gehackt
- 2 EL frisch gehackte glatte Petersilie
- 4 EL Olivenöl
- 200 g Mozzarella, gewürfelt
- Salz und Pfeffer

1. Den Backofen auf 220 °C vorheizen. Zwei große Backbleche mit Polenta oder Mehl bestäuben und beiseitestellen.

2. Den Pizzateig auf der bemehlten Arbeitsfläche sanft kneten. In vier gleich große Portionen teilen und jede zu einer Teigkugel formen. Dabei die andere Portion abdecken.

3. Jede Portion Teig mit einer bemehlten Teigrolle zu einem Kreis von 23–25 cm Durchmesser ausrollen und auf das vorbereitete Backblech legen.

4. Die Artischockenherzen der Länge nach in Scheiben schneiden, über die Pizzaböden verteilen und auf jeden Boden 2 Chilis legen. Gehackten Knoblauch und Petersilie darüberstreuen. Mit Salz und Pfeffer würzen und mit Olivenöl beträufeln. Zum Schluss Mozzarella über die Pizzaböden verteilen und für 15–18 Minuten backen. Vor dem Servieren mit der restlichen Petersilie bestreuen.

Ziti al forno

Ziti-Käse-Auflauf

1. Den Backofen auf 220 °C vorheizen und eine große Auflaufform mit Öl einreiben.

2. In einem großen Topf Wasser mit 1 Prise Salz zum Kochen bringen. Die Ziti hineingeben, das Wasser wieder aufkochen lassen und 2 Minuten weniger kochen, als auf der Packung angegeben ist.

3. In der Zwischenzeit Ricotta, die Hälfte des Mozzarellas und ein Drittel des Parmesans in einer großen Schüssel verrühren. Mit Salz und Pfeffer würzen und beiseitestellen.

4. Kurz bevor die Ziti gar sind, 4 Esslöffel des Nudelwassers abschöpfen und unter die Käsemischung rühren, bis eine cremige Sauce entsteht.

5. Die Nudeln durch ein Sieb abgießen. Anschließend in die Schüssel mit Käsemischung füllen und vermengen, bis sie von allen Seiten mit Käsesauce behaftet sind. Die Tomatensauce dazugeben, Petersilie und Chili (nach Belieben) zufügen und sorgfältig unterrühren.

6. Die Nudeln in die vorbereitete Auflaufform schütten und die Oberfläche glatt streichen. Restlichen Mozzarella und Parmesan darauf verteilen.

7. Die Auflaufform in den Ofen stellen und 25–30 Minuten backen, bis die Oberfläche goldbraun ist. Für ein paar Minuten ruhen lassen und dann in der Auflaufform servieren.

FÜR 4 PERSONEN

Olivenöl, zum Einfetten
350 g getrocknete kurze Nudeln wie Ziti oder Penne
250 g Ricotta
250 g Mozzarella, gerieben
85 g frisch geriebener Parmesan
700 ml fertige Tomatensauce mit Kräutern
2 EL frisch gehackte Petersilie
1 Prise getrocknete Chiliflocken (nach Belieben)
Salz und Pfeffer

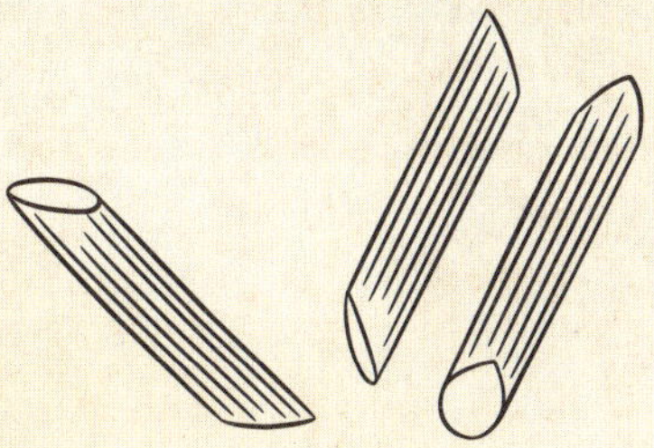

Maccheroni ai quattro formaggi

Makkaroni-Auflauf mit vier Käsen

1. Den Backofen auf 200 °C vorheizen. Eine große Auflaufform mit Butter einfetten und beiseitestellen. Ein Drittel des Parmesans mit den Semmelbröseln mischen und beiseitestellen.

2. Wasser mit 1 Prise Salz in einem großen Topf zum Kochen bringen. Die Makkaroni hineinschütten, wieder aufkochen lassen und 2 Minuten weniger kochen, als auf der Packung angegeben ist. Die Nudeln abgießen, mit kaltem Wasser übergießen, gut abtropfen lassen und beiseitestellen.

3. In der Zwischenzeit die Butter in einem Topf über mittlerer Hitze zerlassen. Das Mehl hineinstreuen und für 2 Minuten unter Rühren anschwitzen, bis alles gut eingearbeitet ist. Den Topf vom Herd nehmen, die Milch zugießen und dabei ständig mit dem Schneebesen rühren, damit sich keine Klumpen bilden.

2

3

5

FÜR 4 PERSONEN

80 g frisch geriebener Parmesan
50 g feine Semmelbrösel
400 g getrocknete Makkaroni
40 g Butter, plus etwas mehr zum Einfetten
40 g Mehl
450 ml lauwarme Milch
frisch geriebene Muskatnuss
85 g Dolcelatte-Käse, fein gehackt
85 g Provolone- oder Taleggio-Käse, gerieben
55 g Mozzarella, in Würfel geschnitten
Olivenöl, zum Beträufeln
Salz und Pfeffer

4. Den Topf wieder auf die Herdplatte stellen. Mit Muskatnuss, Salz und Pfeffer würzen und alles gut vermengen. Langsam unter ständigem Rühren zum Kochen bringen, bis die Sauce andickt. Den restlichen Parmesan sowie Dolcelatte und Provolone zufügen und weiterrühren, bis der Käse vollkommen geschmolzen ist. Dann den Mozzarella untermischen.

5. Die Makkaroni zufügen und gut vermengen, sodass die Sauce alle Nudeln gut umhüllt. Falls nötig, noch einmal nachwürzen. Dann die Pasta-Käsemischung in die Auflaufform füllen und glatt streichen. Die Parmesan-Semmelbrösel-Mischung darüberstreuen und mit Olivenöl beträufeln.

6. Im Ofen 20–25 Minuten backen, bis die Oberfläche goldbraun geworden ist. Ein paar Minuten ruhen lassen und in der Auflaufform servieren.

Ravioli classici

Klassische Ravioli

1. Für die Füllung die Semmelbrösel mit der Milch in eine Schüssel geben und beiseitestellen. Aus dem Teig acht Kugeln rollen und in Frischhaltefolie wickeln.

2. Das Öl in einer großen Pfanne auf mittlerer Stufe erhitzen. Die Schalotte 1–2 Minuten unter Rühren dünsten, bis sie weich ist. Hackfleisch, Knoblauch, Schinken und Salbei zufügen, rühren und mit Salz und Pfeffer würzen. Weitere 2–4 Minuten braten und regelmäßig rühren. Dann die eingeweichten Semmelbrösel untermischen. Den Wein zugießen, aufkochen und unter Rühren weiterkochen lassen, bis er verdunstet ist. Dann den Käse unterrühren.

3. Eine Arbeitsfläche und ein Backblech leicht mit Weizengrieß bestäuben. Aus einer Teigkugel einen Pastastreifen von etwa 10 cm Breite und 50 cm Länge formen, wie auf Seite 67 beschrieben, und auf die Arbeitsfläche legen.

4. Mit einer runden Ausstechform von 7,5 cm Durchmesser 6–8 Teigstücke ausstechen. Auf jedes Teigstück 1 Teelöffel Füllung seitlich platzieren. Die Ränder der Teigstücke mit Wasser benetzen, die obere Hälfte umklappen und andrücken. Mit den Zinken einer Gabel die Ränder rundum festdrücken.

5. Auf das vorbereitete Backblech legen und bedecken. Mit dem restlichen Teig wiederholen, bis die Füllung aufgebraucht ist. Die Ravioli sollten mindestens 1 Stunde, maximal 24 Stunden abgedeckt im Kühlschrank ruhen.

6. Wasser mit 1 Prise Salz in einem großen Topf zum Kochen bringen, die Ravioli hineingeben und aufkochen. Weitere 2 Minuten sieden lassen, bis sie weich sind. Mit einem Schaumlöffel die Ravioli aus dem Wasser heben und in eine vorgewärmte Servierschüssel geben. Mit Olivenöl beträufeln und mit Salz und Pfeffer bestreuen. Dazu frisch geriebenen Parmesan servieren.

FÜR 4 PERSONEN

1 Portion Pastateig, vorbereitet aber noch nicht ausgerollt (s.S. 66)
feiner Weizengrieß, zum Bestäuben
Olivenöl, zum Servieren
Salz und Pfeffer

FÜLLUNG

15 g frische Semmelbrösel
1 EL Milch
1 EL Olivenöl
1 Schalotte, sehr fein gehackt
100 g frisches Rinderhack
100 g frisches Schweinehack
2 Knoblauchzehen, fein gehackt
2 Scheiben Parmaschinken, gehackt
½ TL getrockneter Salbei oder Thymian
4 EL Rotwein
30 g frisch geriebener Parmesan und Parmesan zum Servieren
Salz und Pfeffer

Mamas kleiner Tipp:
Wie man Pastateig selbst macht, steht auf den Seiten 66 und 67 genau beschrieben.

Köstliche Pasta – selbst gemacht!

Nun erkläre ich Ihnen mein Grundrezept für frischen Ravioliteig. Sie haben Glück, es ist ganz einfach!

AUSREICHEND FÜR 4 PERSONEN

200 g Mehl, plus etwas mehr zum Kneten und Bestäuben
½ TL Salz
2 Eier, verquirlt
2 TL Olivenöl
feiner Weizengrieß, zum Bestäuben

Mamas Grundrezept für Ravioliteig

1. Mehl und Salz in eine große Schüssel sieben und eine Mulde in die Mitte drücken. Eier und Olivenöl hineingeben und langsam mit einer Gabel vermengen, bis die Flüssigkeit aufgenommen ist. Dann die Mischung mit den Händen in der Schüssel kneten, behutsam und fest. Falls nötig, etwas Wasser hinzugeben, bis ein Teig entsteht.

2. Den Teig auf eine leicht bemehlte Arbeitsfläche legen und kneten, bis er glatt, geschmeidig und dehnbar ist. Dann den Teig zu einer Kugel formen.

3. Die Schüssel auswaschen und abtrocknen. Die Teigkugel hineinlegen, mit Frischhaltefolie abdecken und mindestens 30 Minuten ruhen lassen.

4. Zunächst den Teig in 8 gleich große Portionen teilen und jede zu einer Kugel formen. Während an einer Portion gearbeitet wird, müssen die restlichen bedeckt bleiben, um nicht auszutrocknen.

5. Die Pastamaschine auf 0 setzen und die Walzen mit Mehl bestäuben. Die erste Teigkugel in die Hand nehmen und mit der Handfläche flach drücken. Mit ruhigen Händen in der Pastamaschine ausrollen, dann jedes Ende nach innen falten und erneut ausrollen, die offenen Enden nach oben und unten. Zweimal wiederholen.

6. Die Maschine auf 1 stellen und den Teig durchrollen, dabei den vorn herauskommenden Pastastreifen vorsichtig anheben und wegziehen. Den Teig weiter in der Maschine ausrollen und die Einstellung jedes Mal erhöhen, bis Stufe 5 erreicht ist.

7. Die Arbeitsfläche mit Weizengrieß bestäuben. Die Pasta darauflegen, in Form schneiden und mit einem sauberen Geschirrtuch abdecken. Mit den restlichen Teigkugeln wiederholen. Die Ravioli schneiden und füllen wie auf Seite 64 beschrieben.

Benissimo! Mamas köstlicher Ravioliteig!

Lasagne di pollo e funghi

Lasagne mit Huhn & Pilzen

1. Den Backofen auf 190 °C vorheizen. Für die Béchamelsauce Milch, Butter, Mehl und Lorbeerblatt in einem Topf auf kleiner Stufe unter ständigem Rühren erhitzen, bis die Sauce glatt und dick ist. Mit Salz und Pfeffer würzen, abdecken und beiseitestellen.

2. In einem großen Topf das Olivenöl auf mittlerer Stufe erhitzen und die Zwiebel 3–4 Minuten anbraten, dabei regelmäßig rühren.

3. Hühnerhack und Pancetta zufügen und für weitere 6–8 Minuten braten. Dann die Pilze untermengen und wiederum 2–3 Minuten braten.

4. Den Wein zugießen und aufkochen. Die Tomaten hinzufügen, den Topf abdecken und die Sauce 20 Minuten köcheln lassen. Das Basilikum untermengen.

5. Inzwischen Wasser mit 1 Prise Salz in einem großen Topf zum Kochen bringen. Die Lasagneblätter hineinlegen, aufkochen und je nach Packungsangabe 8–10 Minuten kochen. Herausheben und auf einem sauberen Geschirrtuch abtropfen lassen.

6. Ein Drittel der Fleischsauce in eine große Auflaufform füllen. Das Lorbeerblatt aus der Béchamelsauce entfernen. Mit einem Löffel ein Viertel der weißen Sauce auf der Fleischsauce verteilen. Dann 3 Blätter Lasagne darauf anrichten. Diese Schichten noch zweimal wiederholen und mit einer Lage Béchamelsauce abschließen.

7. Mit Parmesan bestreuen und im Backofen 35–40 Minuten garen, bis die Oberfläche goldbraun ist und blubbert. Sofort servieren.

FÜR 4 PERSONEN

2 EL Olivenöl
1 große Zwiebel, fein gehackt
500 g Hühnerhack
100 g Pancetta, gehackt
250 g braune Champignons, gehackt
100 g getrocknete Steinpilze, eingeweicht und gehackt
150 ml trockener Weißwein
400 g gehackte Tomaten aus der Dose
3 EL frisch gehacktes Basilikum
9 getrocknete Lasagneblätter
3 EL fein geriebener Parmesan

BÉCHAMELSAUCE

600 ml Milch
60 g Butter
60 g Mehl
1 Lorbeerblatt
Salz und Pfeffer

Mamas kleiner Tipp:
Wenn Sie kein Hühnerhack beim Metzger oder im Supermarkt bekommen, können Sie es selbst in der Küchenmaschine zerkleinern oder mit einem scharfen Messer fein hacken.

Linguine alla puttanesca

Linguine in scharfer Sardellen-Kapern-Sauce

FÜR 4 PERSONEN

- 3 EL Olivenöl
- 2 Knoblauchzehen, fein gehackt
- 10 Sardellenfilets
- 140 g schwarze Oliven, entsteint und gehackt
- 1 EL Kapern
- 450 g Eiertomaten, gehäutet, entkernt und gehackt
- Cayennepfeffer (nach Belieben)
- 400 g getrocknete Linguine
- Salz
- 2 EL frisch gehackte glatte Petersilie, zum Garnieren

1. Das Olivenöl in einer Kasserolle erhitzen. Den Knoblauch zufügen und auf niedriger Hitze unter ständigem Rühren 2 Minuten dünsten. Die Sardellen mit einer Gabel zerdrücken und zufügen.

2. Oliven, Kapern und Tomaten in die Kasserolle geben und nach Belieben mit Cayennepfeffer würzen. Den Deckel auflegen und 25 Minuten köcheln lassen.

3. In der Zwischenzeit einen Topf mit Salzwasser zum Kochen bringen. Die Pasta in das kochende Wasser geben und je nach Packungsangabe 8–10 Minuten kochen, bis sie al dente ist.

4. Die Linguine abgießen und in eine Servierschüssel füllen. Die Sardellensauce darübergeben und mit zwei großen Gabeln unter die Pasta heben, bis sie von allen Seiten von Sauce überzogen ist. Mit Petersilie garnieren und sofort servieren.

Fettucine Alfredo

Fettucine Alfredo

FÜR 4 PERSONEN

400 g getrocknete Fettucine
100 g Butter, gewürfelt
2 Knoblauchzehen, fein gehackt
400 g Schlagsahne
175 g frisch geriebener Parmesan, plus etwas mehr zum Servieren (nach Belieben)
Salz und Pfeffer

1. Salzwasser in einem großen Topf zum Kochen bringen. Die Fettucine hineingeben, das Wasser wieder aufkochen lassen und die Pasta je nach Packungsangabe 8–10 Minuten kochen, bis sie al dente ist.

2. In der Zwischenzeit die Butter in einer Pfanne auf mittlerer Stufe zerlassen. Den Knoblauch zugeben und unter Rühren 1 Minute dünsten, er darf aber nicht braun werden. Die Sahne zugießen und aufkochen lassen. Dann die Hälfte des Käses zufügen und rühren, bis er geschmolzen ist. Auf niedrige Stufe stellen und mit Salz und Pfeffer würzen.

3. Die Pasta abgießen (nicht schütteln), dabei etwas Kochwasser aufheben. Die heiße Pasta und den restlichen Käse unter die Sahnesauce mengen, dabei mit zwei Gabeln wenden, bis alle Fettucine gut mit Sauce überzogen sind. Falls die Sauce zu dick erscheint, mit ein wenig Nudelwasser verdünnen und erneut durchmengen.

4. Auf vorgewärmte Teller verteilen und sofort nach Belieben mit zusätzlichem geriebenem Parmesan servieren.

Rigatoni ai zucchini

Rigatoni mit Zucchini-Tomaten-Sauce

FÜR 4 PERSONEN

- 4 Zucchini, in kleine Stücke geschnitten
- 2½ EL Olivenöl
- 1 Zwiebel, fein gehackt
- 1 Knoblauchzehe, zerdrückt
- 800 g gehackte Tomaten aus der Dose
- 6 sonnengetrocknete Tomaten, gehackt
- 200 ml Gemüsebrühe
- ½ TL getrockneter Oregano
- 300 g getrocknete Rigatoni
- 125 g Mascarpone
- Salz und Pfeffer
- 1 Handvoll frische Basilikumblätter, zerzupft

1. Den Backofen auf 200 °C vorheizen. Die Zucchini mit 1½ Esslöffeln Öl auf ein großes Backblech geben und vermischen. Dann die Zucchini nebeneinanderlegen. Im Ofen 15–20 Minuten backen, bis sie weich und leicht gebräunt sind.

2. Inzwischen das restliche Öl in einem Topf erwärmen. Zwiebel und Knoblauch hineingeben und auf niedriger Temperatur 5 Minuten dünsten, bis sie weich sind. Dann Dosentomaten, getrocknete Tomaten, Brühe und Oregano hinzufügen. 10 Minuten kochen, bis die Flüssigkeit etwas reduziert ist.

3. Leicht gesalzenes Wasser in einem großen Topf zum Kochen bringen. Die Rigatoni hineingeben, das Wasser aufkochen lassen und die Pasta je nach Packungsangabe 8–10 Minuten garen, bis sie al dente ist. Abgießen und zurück in den Topf geben.

4. Nun den Mascarpone in die heiße Tomatensauce geben und rühren, bis er geschmolzen ist. Mit Salz und Pfeffer würzen. Die Sauce über die Pasta gießen, Zucchini und Basilikumblätter dazugeben. Unter die Pasta mengen, bis alle Nudeln mit Sauce überzogen sind. Sofort servieren.

Penne al pollo

Penne mit Sahnehühnchen

FÜR 2 PERSONEN

200 g getrocknete Penne
1 EL Olivenöl
2 Hähnchenbrustfilets
4 EL trockener Weißwein
120 g gegarte Erbsen, Tiefkühlware aufgetaut
5 EL Schlagsahne
Salz
4–5 EL frisch gehackte glatte Petersilie, zum Garnieren

1. Salzwasser in einem großen Topf zum Kochen bringen. Die Pasta hineingeben, das Wasser wieder aufkochen und die Pasta 2 Minuten weniger kochen, als auf der Packung angegeben ist.
2. In der Zwischenzeit das Olivenöl in einer Pfanne erhitzen. Das Fleisch hineinlegen und auf mittlerer Hitze etwa 4 Minuten von jeder Seite braten.
3. Den Wein zugießen und auf hoher Temperatur weiterkochen, bis der Wein fast verdunstet ist.
4. Die Pasta abgießen. Erbsen, Sahne und Pasta in die Pfanne geben und gut umrühren. Die Pfanne abdecken und alles 2 Minuten köcheln lassen.
5. Mit Petersilie bestreuen und sofort servieren.

Mamas kleiner Tipp:
Wenn Sie der Sauce einen kräftigeren Geschmack verleihen wollen, können Sie sie mit einem Viertel Teelöffel Chilipulver und 400 g Dosentomaten anreichern.

Cannelloni di spinaci e ricotta

Cannelloni mit Spinat-Ricotta-Füllung

1. Den Backofen auf 180 °C vorheizen. Eine Auflaufform einfetten.

2. Salzwasser in einem großen Topf zum Kochen bringen. Die Cannelloni hineingeben, wieder aufkochen lassen und 2 Minuten weniger kochen, als auf der Packung angegeben ist. Abgießen und mit kaltem Wasser abspülen, dann auf einem sauberen Geschirrtuch ausbreiten.

3. Für die Füllung Spinat und Ricotta in der Küchenmaschine kurz pürieren. Ei und Pecorino zufügen und zu einer glatten Paste pürieren. In eine Schüssel füllen, mit Muskatnuss, Salz und Pfeffer würzen.

4. Die Füllung in einen Spritzbeutel mit einer 1-cm-Tülle geben. Vorsichtig ein wenig Füllung in die Cannelloni-Röhre pressen und die Röhre in die Auflaufform legen.

5. Für die Käsesauce die Butter in einem Topf zerlassen. Das Mehl zugeben und unter Rühren 1 Minute auf kleiner Hitze anschwitzen.

6. Den Topf vom Herd nehmen und nach und nach die heiße Milch einrühren. Wieder auf den Herd stellen und aufkochen, dabei ständig rühren. Die Hitze reduzieren und 10 Minuten auf kleiner Stufe köcheln lassen, bis die Sauce dick und glatt ist, dabei immer wieder umrühren.

7. Vom Herd nehmen, den Käse untermengen und salzen und pfeffern.

8. Die Käsesauce über die gefüllten Cannelloni verteilen. Die Form mit Alufolie abdecken und 20–25 Minuten backen. Sofort servieren.

FÜR 4 PERSONEN

zerlassene Butter,
zum Einfetten
12 getrocknete Cannelloni-Röhren, je etwa 7,5 cm lang
Salz und Pfeffer

FÜLLUNG

140 g TK-Spinat, aufgetaut und abgetropft
120 g Ricotta
1 Ei
3 EL geriebener Pecorino
1 Prise frisch geriebene Muskatnuss

KÄSESAUCE

25 g Butter
2 EL Mehl
600 ml heiße Milch
90 g geriebener Käse (Gruyère oder Emmentaler)

Gnocchi con tacchino e broccoli

Gnocchi mit Pute & Brokkoli

FÜR 4 PERSONEN

1 EL Sonnenblumenöl
500 g Putenstreifen
2 kleine Porreestangen, diagonal in Ringe geschnitten
500 g fertige frische Gnocchi
200 g Brokkoli, in mundgerechte Stücke geschnitten
80 g Crème fraîche
1 EL grobkörniger Senf
3 EL Orangensaft
Salz und Pfeffer
3 EL geröstete Pinienkerne, zum Servieren

1. Das Öl in einer großen Pfanne erhitzen. Putenstreifen und Porreeringe hineingeben und 5–6 Minuten auf hoher Stufe anbraten.

2. Inzwischen Salzwasser in einem Topf zum Kochen bringen. Gnocchi und Brokkoli hineingeben und 3–4 Minuten kochen lassen.

3. Gnocchi und Brokkoli durch ein Sieb abgießen und zur Putenmischung geben.

4. In einer kleinen Schüssel Crème fraîche, Senf und Orangensaft mischen, mit Salz und Pfeffer würzen und unter die Gnocchimischung mengen. Mit Pinienkernen garnieren und sofort servieren.

Gnocchi con sugo di noce

Selbst gemachte Gnocchi mit Walnuss-Pesto

1. Die Kartoffeln mit Schale in einem großen Topf mit Salzwasser 30–35 Minuten kochen, bis sie weich sind. Abgießen, abtropfen und leicht abkühlen lassen.

2. In der Zwischenzeit alle Zutaten für den Pesto in der Küchenmaschine 2 Minuten pürieren.

3. Wenn die Kartoffeln etwas abgekühlt sind, die Schale abziehen und die Kartoffeln durch ein Sieb oder eine Kartoffelpresse in eine große Schüssel drücken. Gut mit Salz und Pfeffer würzen und den Käse untermengen. Das Ei unterschlagen und das Mehl hineinsieben.

4. Alles vermengen und die Masse auf eine leicht bemehlte Arbeitsfläche legen. Leicht kneten, bis sich ein glatter Teig ergibt. Wenn er zu sehr klebt, etwas mehr Mehl untermischen.

5. Den Teig zu einer langen Rolle formen. In 2,5 cm lange Stücke schneiden und mit einer Gabel leicht eindrücken. Dann auf ein bemehltes Backblech legen und mit einem Geschirrtuch abdecken.

6. Salzwasser in einem großen Topf zum Kochen bringen, die Gnocchi hineingeben und 1–2 Minuten kochen. Mit einem Schaumlöffel herausheben und sofort mit dem Walnuss-Pesto servieren.

FÜR 4 PERSONEN

- 450 g mehlig kochende Kartoffeln
- 50 g frisch geriebener Parmesan
- 1 Ei, verquirlt
- 200 g Mehl, plus etwas mehr zum Bestäuben
- Salz und Pfeffer

WALNUSS-PESTO

- 40 g frische glatte Petersilienblätter
- 2 EL Kapern
- 2 Knoblauchzehen, zerdrückt
- 175 ml natives Olivenöl extra
- 70 g Walnüsse, gehackte
- 40 g frisch geriebener Pecorino oder Parmesan

Mamas Abendessen

Ein Abendessen zu Hause, a casa di Mama, ist immer etwas Besonderes. Auch die einfachsten Mahlzeiten sind ein Familientreffen, wir kommen am Ende des Tages zusammen und sind dankbar für das, was wir haben. An manchen Abenden bereite ich nur ein einfaches Omelett für Alberto und mich zu. An anderen mag es sein, dass ich ein Gemüseragout für Marco, Filippo und deren Familien vorbereite oder wir den Besuch der Enkel und Urenkel mit etwas Besonderem feiern, wie zum Beispiel meiner gebackenen Languste. Was auch immer der Anlass ist, wenn man für die Familie kocht, bringt man Herz und Seele in das Abendessen ein. Bei dieser täglichen Mahlzeit zeigt eine Köchin, aus welchem Holz sie geschnitzt ist. Ich sollte wissen, wovon ich spreche, schließlich habe ich 40 Personen in dieser Familie mit meinen Abendessen großgezogen!

Pollo alla parmigiana

Hühnchen in Tomatensauce mit Parmesan

1. Für die Sauce das Olivenöl in einem großen Topf erhitzen. Die Zwiebel hineingeben und unter Rühren 2 Minuten anbraten. Den Knoblauch hinzufügen und unter Rühren dünsten, bis die Zwiebel weich ist. Kräuter, Tomaten, Passata, Oregano und Zucker zufügen, mit Salz und Pfeffer würzen. Aufkochen, den Topf abdecken und 15 Minuten köcheln lassen. Dann in der Küchenmaschine oder mit dem Stabmixer pürieren.

2. Inzwischen den Backofen auf 200 °C vorheizen. Auf einen Teller das Mehl streuen und auf einen anderen die Semmelbrösel. In einer breiten Schüssel die Eier verquirlen. Die Hähnchenfilets quer halbieren.

3. Die Fleischstücke zwischen Frischhaltefolie legen und mit einem Fleischklopfer oder einer Teigrolle klopfen, bis sie etwa 5 mm dünn sind. Die Folie entfernen und von beiden Seiten mit Salz und Pfeffer würzen. Die Hühnerbrust mit Mehl bestäuben, das überschüssige Mehl abschütteln, dann durch das Ei ziehen und in den Semmelbröseln wälzen. Beiseitelegen und mit den restlichen Fleischstücken wiederholen.

4. In einer Pfanne das Öl auf mittlerer bis hoher Stufe erhitzen. Die Hühnerstücke nebeneinander hineinlegen. Von jeder Seite 2 Minuten anbraten, bis sie goldbraun sind, und dann auf Küchenpapier abtropfen lassen. Danach die restlichen Stücke braten, falls nötig, etwas Öl zugießen. Die Hälfte der Sauce in eine große Auflaufform füllen. Das Fleisch auf der Sauce platzieren und mit der restlichen Sauce begießen. Den Mozzarella darüber verteilen und mit Parmesan bestreuen. Im Ofen 20–25 Minuten backen, bis der Käse geschmolzen und goldgelb ist und blubbert. 5 Minuten ruhen lassen, dann mit Petersilie garnieren und sofort servieren.

FÜR 4 PERSONEN

100 g Mehl
200 g Semmelbrösel
2 Eier
4 Hähnchenbrustfilets (à 250 g)
2 EL Olivenöl, plus etwas mehr
250 g Mozzarella, in Scheiben
125 g geriebener Parmesan
Salz und Pfeffer
frisch gehackte glatte Petersilie, zum Garnieren

TOMATENSAUCE

2 EL Olivenöl
1 große Zwiebel, gehackt
2 große Knoblauchzehen, gehackt
1 EL getrocknete italienische Kräuter
800 g gehackte Tomaten aus der Dose
250 ml Passata (passierte Tomaten)
2 TL getrockneter Oregano
1 Prise Zucker
Salz und Pfeffer

Polpettine con ripieno di mozzarella

Gefüllte Hackbällchen mit Mozzarella

1. Semmelbrösel und Milch in einer Schüssel vermengen und beiseitestellen, während die anderen Zutaten vorbereitet werden.

2. Rinderhack, Parmesan, Knoblauch, Ei, geriebene Zwiebel, Petersilie, Basilikum, getrocknete Kräuter, Salz und Pfeffer in eine Schüssel geben. Die Semmelbröselmischung zufügen und mit den Händen vermengen.

3. Die Hände anfeuchten und 12 gleich große Bällchen aus dem Fleischteig formen. Mit dem Finger eine Vertiefung in die Mitte jedes Bällchens drücken, einen Mozzarellawürfel hineindrücken und das Fleisch wieder zu einem glatten runden Bällchen formen. Dabei sollte der Käse wirklich komplett vom Fleisch bedeckt sein, sonst läuft er während des Bratens aus. Die Hackbällchen können nun abgedeckt und bis zu 12 Stunden kalt gestellt werden. Vor dem Braten sollten sie Zimmertemperatur haben.

FÜR 4 PERSONEN

80 g Semmelbrösel
2 EL Milch
600 g Rinderhack
125 g frisch geriebener Parmesan, plus etwas mehr zum Servieren
2 Knoblauchzehen, fein gehackt
1 Ei, verquirlt
3 Zwiebeln, 1 gerieben und 2 in feine Ringe geschnitten
2 EL frische, fein gehackte glatte Petersilie
1 EL frisches, fein gehacktes Basilikum, plus etwas mehr zum Garnieren
1 TL getrocknete italienische Kräuter
100 g Mozzarella, in 12 Würfel von 1 cm geschnitten
2 EL Olivenöl, plus etwas mehr zum Braten
500 ml Passata (passierte Tomaten)
1 Prise Zucker
Salz und Pfeffer

4. Den Boden einer großen Pfanne mit Olivenöl bedecken und erhitzen. Hackbällchen in die Pfanne geben und 3–5 Minuten braten, bis sie von allen Seiten braun sind. Warm stellen, während der Rest gebraten wird.

5. 2 Esslöffel Öl in einem großen Topf erhitzen. Die Zwiebelringe hineingeben, auf niedrige Hitze reduzieren und unter Rühren 5–8 Minuten goldbraun anbraten. Passata und 1 Prise Zucker hinzugeben und mit Salz und Pfeffer würzen. Die Hackbällchen hinzufügen.

6. Aufkochen und auf niedrige Hitze reduzieren. Den Topf abdecken und 20–25 Minuten garen lassen, bis die Hackbällchen durchgegart sind. Die Sauce mit Salz und Pfeffer abschmecken. Sofort auf vorgewärmte Teller füllen, mit Parmesan bestreuen und servieren.

Mama deckt den Tisch

In Apulien legen wir nicht viel Wert auf Etikette. Ich habe gehört, dass es mancherorts sehr nobel bei Tisch zugehen kann und dass alle steif dasitzen . . . an meinem Tisch gibt es so etwas nicht!

Ein großes Familienessen sollte ein fröhliches Ereignis sein – wozu setzt man sich sonst zusammen? Wenn jeder damit beschäftigt ist, komische Benimmregeln zu beachten, ist keiner entspannt, und wenn keiner entspannt ist, hat auch niemand Freude am Beisammensein.

Natürlich braucht man ein paar Regeln: Ich bestehe immer darauf, dass sich alle zum Essen an den Tisch setzen. Sobald man an meinem Tisch sitzt, befolgt man auch meine Regeln – doch keine Angst: Meine Regeln dienen dazu, dass es für alle ein schönes Essen wird, aber nicht steif!

Hier nun also Mamas Regeln für einen nett gedeckten Tisch

Es sollte einfach gehalten sein. Tischdecken, Servietten ... alles sollte sich leicht abwischen lassen und waschbar sein. Bei großen Abendessen geht immer etwas daneben, das ist nur natürlich!

Stellen Sie in regelmäßigen Abständen Karaffen mit Wasser auf den Tisch, auch Wein sollte so auf dem Tisch verteilt sein, dass sich alle selbst nachgießen können. Brot und Oliven sollten ebenfalls greifbar sein, damit sich jeder davon nehmen kann – ich stelle gern einige größere Schalen in die Mitte des Tisches.

Mama sitzt immer am Kopfende! Alberto bekommt immer den Stuhl am anderen Ende. Wir sind die Gastgeber, und es ist unsere Aufgabe, Essen, Wein und Unterhaltung in Fluss zu halten! Und das Allerwichtigste nicht vergessen: Ein Familienessen soll allen Freude bereiten!

Risotto con pollo

Hühnchen-Risotto

FÜR 4 PERSONEN

50 g Butter
1 Zwiebel, gehackt
125 g Hähnchenbrustfilet, gehackt
350 g Risottoreis
1 TL gemahlene Kurkuma
300 ml trockener Weißwein
1,2 l Hühnerbrühe, plus etwas mehr bei Bedarf
75 g braune Champignons, in Scheiben geschnitten
50 g Cashewkerne, halbiert
Salz und Pfeffer
Parmesanspäne und frische Basilikumblätter, zum Garnieren

1. Die Butter in einem großen Topf bei mittlerer Hitze zerlassen. Die Zwiebel darin 1 Minute anbraten. Das Hähnchenhack zugeben und weitere 5 Minuten braten, dabei regelmäßig rühren.

2. Den Reis in den Topf geben und auf mittlerer Hitze 1 Minute unter ständigem Rühren erhitzen. Kurkuma darübergeben und gut vermengen.

3. Nach und nach den Wein zugießen. Anschließend die Hühnerbrühe portionsweise mit einem Schöpflöffel zugeben und verrühren. Immer abwarten, bis die Flüssigkeit aufgesogen ist, bevor der nächste Löffel Brühe eingerührt wird.

4. 20 Minuten köcheln lassen, dabei von Zeit zu Zeit umrühren, bis der Reis weich ist und die Flüssigkeit fast aufgesogen hat. Falls nötig, etwas mehr Brühe zugeben, der Risotto sollte nicht trocken sein.

5. Pilze und Cashewkerne zufügen und weitere 3 Minuten garen. Mit Salz und Pfeffer würzen.

6. Vom Herd nehmen und auf vorgewärmte Teller verteilen. Parmesanspäne und Basilikumblätter über den Risotto streuen und sofort servieren.

Risotto con verdure

Gemüse-Risotto

1. Butter und Olivenöl in einem großen Topf erhitzen und die Zwiebel darin 3–4 Minuten weich braten, dabei ständig umrühren.

2. Den Reis zufügen und bei mittlerer Hitze unter ständigem Rühren 1 Minute erhitzen.

3. Den Wein zugießen und aufkochen. So lange unter Rühren köcheln lassen, bis der Wein fast verdunstet ist.

4. Die Brühe portionsweise mit einem Schöpflöffel zugießen und verrühren. Die Flüssigkeit sollte fast aufgesogen sein, bevor Brühe nachgegossen wird.

5. Nach 15 Minuten den Spargel in den Topf geben. Weiterkochen und Brühe nachgießen.

6. Nach weiteren 5 Minuten Walnüsse und geriebene Zitronenschale untermengen. Nach Belieben mit Salz und Pfeffer würzen.

7. Vom Herd nehmen, nach Geschmack mit etwas Walnussöl beträufeln und leicht vermengen. Den Risotto auf vorgewärmte Teller verteilen, mit Zitronenzesten garnieren und sofort servieren.

FÜR 4 PERSONEN

15 g Butter
3 EL Olivenöl
1 kleine Zwiebel, fein gehackt
350 g Risottoreis
150 ml trockener Weißwein
1,5 l Gemüsebrühe
200 g grüne Spargelspitzen, in 6-cm-Stücken
40 g Walnüsse, gehackt
frisch geriebene Schale von 1 Zitrone
Salz und Pfeffer
Walnussöl, zum Servieren (nach Belieben)
Zitronenzesten, zum Garnieren

Rollatini

Gefüllte Auberginenröllchen

1. Den Backofen auf 230 °C vorheizen. Die Auberginenscheiben nebeneinander auf einem Backblech anordnen, leicht mit Öl bestreichen und mit Salz und Pfeffer bestreuen.

2. Das Backblech in den vorgeheizten Ofen schieben und 8–10 Minuten backen, bis die Auberginen weich sind. Aus dem Ofen nehmen und beiseitestellen. Die Backofentemperatur auf 220 °C reduzieren.

3. Eine dünne Schicht Sauce auf den Boden einer Auflaufform verteilen (die 8 Auberginenröllchen sollten darin nebeneinander Platz haben), dann beiseitestellen.

4. Ricotta, Ziegenkäse, Basilikum und Zitronenschale in eine Schüssel geben. Mit Salz und Pfeffer würzen und verrühren, bis eine glatte Mischung entsteht. Das Ei einarbeiten.

5. 1 Auberginenscheibe auf die Arbeitsfläche legen. 2–3 Teelöffel Füllung auf das untere Ende legen und die Auberginenscheibe vorsichtig um die Füllung herum aufrollen. Mit dem Endstück nach unten in die vorbereitete Auflaufform legen. Dann wiederholen, bis alle Auberginenscheiben und die Füllung aufgebraucht sind.

6. Die restliche Sauce über die Auberginenröllchen gießen und den Mozzarella darauf verteilen. Die Auflaufform in den Ofen stellen und 25–30 Minuten backen, bis der Käse goldbraun ist. 5 Minuten ruhen lassen und servieren.

FÜR 4 PERSONEN

1 große Aubergine, der Länge nach in 8 Scheiben geschnitten
2 EL Olivenöl
½ Portion einfache Tomatensauce (s.S. 85) oder 500 ml fertige Tomaten-Basilikum-Sauce
100 g Ricotta
55 g weicher Ziegenkäse, Rinde entfernt und zerbröckelt
4 EL fein gehackte Basilikumblätter
fein geriebene Schale von 1 Zitrone
1 großes Ei, verquirlt
125 g Mozzarella, grob gerieben
Salz und Pfeffer

Mamas kleiner Tipp:
1 Prise Muskatnuss unter die Füllung mischen, und schon haben wir eine geschmackliche Sensation!

Pollo alla cacciatora

Huhn nach Jägerinnenart

FÜR 4 PERSONEN

1 Poularde von 1,5 kg, in 6 bis 8 Stücke zerteilt
Mehl, zum Bestäuben
3 EL Olivenöl
150 ml trockener Weißwein
1 grüne Paprika, entkernt und in Streifen geschnitten
1 rote Paprika, entkernt und in Streifen geschnitten
1 Karotte, fein gehackt
1 Selleriestange, fein gehackt
1 Knoblauchzehe, zerdrückt
200 g gehackte Tomaten aus der Dose
Salz und Pfeffer
einige Stängel glatte Petersilie, zum Garnieren

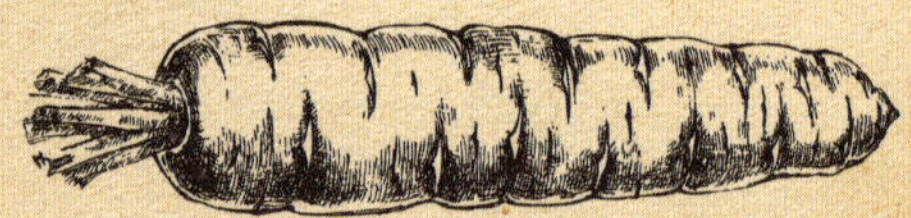

1. Die Fleischstücke leicht mit Mehl bestäuben. Das Öl in einer großen Pfanne erhitzen. Das Fleisch hineinlegen und auf mittlerer Hitze rundum anbräunen. Aus der Pfanne nehmen und beiseitestellen.

2. Das Fett aus der Pfanne bis auf 2 Esslöffel abgießen. Den Wein zugießen und einige Minuten unter Rühren köcheln lassen. Paprika, Karotte, Sellerie und Knoblauch unterrühren und weitere 15 Minuten garen lassen.

3. Fleischstücke und Tomaten dazugeben. Abdecken und 30 Minuten köcheln lassen, bis das Fleisch gar ist, dabei regelmäßig rühren. Der Saft, der aus dem dicksten Stück beim Hineinstechen austritt, sollte klar sein.

4. Abschmecken und, falls nötig, mit Salz und Pfeffer nachwürzen. Auf vorgewärmten Tellern anrichten, mit Petersilienstängeln garnieren und sofort servieren.

Salsiccie e peperoni

Bratwurst mit Paprika

FÜR 4 PERSONEN

4 EL Olivenöl
8 Salsiccie (italienische Bratwürste)
1 große grüne Paprika, entkernt und in Streifen geschnitten
1 große rote Paprika, entkernt und in Streifen geschnitten
2 Zwiebeln, in Ringe geschnitten
2 große Knoblauchzehen, fein gehackt
150 ml Passata (passierte Tomaten)
Salz und Pfeffer
Basilikumblätter, zum Garnieren

1. Das Olivenöl in einer großen Pfanne mit fest schließendem Deckel auf mittlerer Stufe erhitzen. Die Salsiccie hineingeben, ggf. in Portionen braten. Die Würste sollten mehrfach gewendet werden und von allen Seiten gut braun sein. Die Würste aus der Pfanne nehmen und beiseitestellen, das Fett bis auf 2 Esslöffel aus der Pfanne abgießen.

2. Grüne Paprika, rote Paprika und Zwiebel in die Pfanne geben und 3 Minuten anbraten, bis sie anfangen, weich zu werden, dabei regelmäßig rühren. Knoblauch zufügen und 1 Minute unter Rühren mitbraten.

3. Die Passata zugießen und mit Salz und Pfeffer würzen. Die Bratwürste wieder in die Pfanne legen und alles zum Kochen bringen, dabei ständig rühren.

4. Den Deckel auf die Pfanne setzen und 12–15 Minuten auf kleiner Stufe köcheln lassen, bis die Bratwürste durchgegart und die Paprika zart sind, abschmecken und nach Belieben nachwürzen. Mit Basilikumblättern garnieren und sofort servieren. Alternativ kann alles in eine Schüssel gefüllt und komplett abgekühlt als kalte Vorspeise für 8 Personen serviert werden.

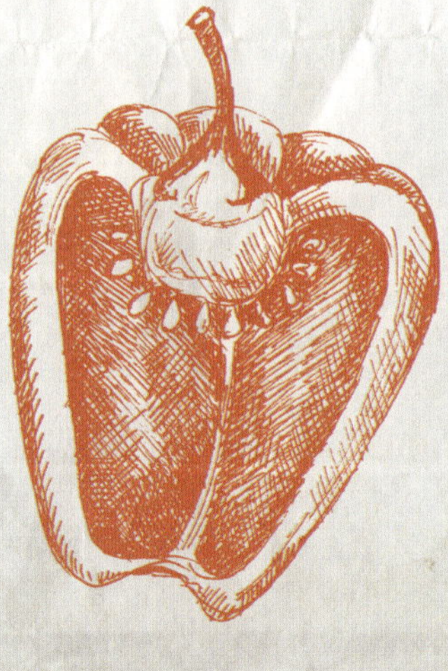

Stufato di verdure

Gemüseragout

FÜR 4 PERSONEN

4 Knoblauchzehen, fein gehackt
1 kleiner Eichelkürbis, gewürfelt
1 rote Zwiebel, in Ringen
2 Porreestangen, in Ringen
1 Aubergine, in Scheiben
1 kleine Sellerieknolle, gewürfelt
2 Rüben, in Scheiben
2 Eiertomaten, klein gehackt
1 Karotte, in Scheiben
1 Zucchini, in Scheiben
2 rote Paprika, in Streifen
1 Fenchelknolle, in Scheiben
175 g Mangold
2 Lorbeerblätter
½ TL Fenchelsamen
½ TL Chilipulver
je 1 Prise getrockneter Thymian, Oregano und Zucker
25 g frische Basilikumblätter, zerzupft
125 ml Olivenöl
225 ml Gemüsebrühe
4 EL frisch gehackte Petersilie
Salz und Pfeffer
2 EL frisch geriebener Parmesan, zum Servieren

1. Knoblauch und Kürbis mit allem anderen Gemüse, Lorbeerblättern, Fenchelsamen, Chili, Thymian, Oregano, Zucker und der Hälfte der Basilikumblätter in einen großen Topf geben.

2. Das Olivenöl und die Brühe in den Topf gießen. Alle Zutaten gut vermengen und zum Kochen bringen.

3. Die Hitze reduzieren, den Topf abdecken und 30 Minuten garen, bis das Gemüse weich ist. Die Lorbeerblätter entfernen.

4. Das restliche Basilikum und die Petersilie über das Gemüse streuen und mit Salz und Pfeffer würzen. Mit Parmesan bestreuen und sofort servieren. Zusätzlich geriebenen Parmesan dazu reichen.

Filetti di tacchino

Putenschnitzel italienisch

FÜR 4 PERSONEN

1 EL Olivenöl
4 Putenschnitzel oder Putensteaks
2 rote Paprika, entkernt und in Streifen geschnitten
1 rote Zwiebel, in Ringe geschnitten
2 Knoblauchzehen, fein gehackt
300 ml Passata (passierte Tomaten)
150 ml Weißwein
1 EL frisch gehackter Majoran
400 g weiße Bohnen aus der Dose, abgespült und abgetropft
3 EL frische Semmelbrösel
Salz und Pfeffer
frische Basilikumstängel, zum Garnieren

1. Das Öl in einer backofenfesten Kasserolle erhitzen, die Putenschnitzel hineinlegen und auf mittlerer Hitze 5–10 Minuten von allen Seiten anbräunen, gelegentlich wenden. Mit einem Schaumlöffel herausheben und auf einen Teller legen.

2. Paprika und Zwiebel in die Kasserolle geben und auf niedriger Temperatur 5 Minuten dünsten, bis sie weich werden, dabei gelegentlich rühren. Den Knoblauch zufügen und weitere 2 Minuten dünsten.

3. Die Putenschnitzel zurück in die Kasserolle geben und Passata, Wein und Majoran zufügen. Mit Salz und Pfeffer würzen. Zum Kochen bringen, dann die Hitze reduzieren und den Deckel auflegen. Gelegentlich umrühren und 25–30 Minuten köcheln, bis die Putenschnitzel durchgegart sind (es sollte klarer Saft austreten, wenn man in die dickste Stelle einsticht). In der Zwischenzeit den Backofengrill vorheizen.

4. Die weißen Bohnen in die Kasserolle geben und unterrühren, weitere 5 Minuten köcheln lassen. Anschließend mit den Semmelbröseln bestreuen. Die Kasserolle auf die mittlere Schiene des Backofens stellen und 2–3 Minuten grillen, bis die Semmelbrösel goldbraun sind. Herausnehmen und nach Belieben mit frischen Basilikumstängeln garnieren und sofort servieren.

Pasta ai gamberi e limone

Pasta mit Garnelen & Zitrone

1. Die Butter mit dem Olivenöl in einer großen Pfanne auf mittlerer bis hoher Stufe erhitzen. Schalotten, Knoblauch und Chiliflocken (nach Belieben) hineingeben und 1–2 Minuten dünsten, bis die Schalotten weich, aber nicht braun sind.

2. Zitronenschale, Wein und Zitronensaft unterrühren, aufkochen und unter gelegentlichem Rühren 2–3 Minuten kochen lassen, bis die Sauce reduziert ist und die Aromen verschmelzen. Falls die Butter braun wird, die Pfanne sofort vom Herd nehmen.

3. Die Hitzezufuhr verringern, die Garnelen in die Pfanne geben, gelegentlich wenden und 2–3 Minuten garen, bis sie rosa werden und sich biegen. Die Petersilie einrühren und mit Salz und Pfeffer würzen.

4. Inzwischen Salzwasser in einem großen Topf zum Kochen bringen. Die Pasta hineingeben, aufkochen und je nach Packungsangabe 2–4 Minuten kochen. Die Pasta abgießen und sofort in die Pfanne zu den Garnelen geben. Mit zwei Gabeln alle Zutaten gut vermengen.

5. Pasta und Garnelen auf vorgewärmte Teller verteilen, den in der Pfanne verbliebenen Kochsud darübergießen und sofort servieren.

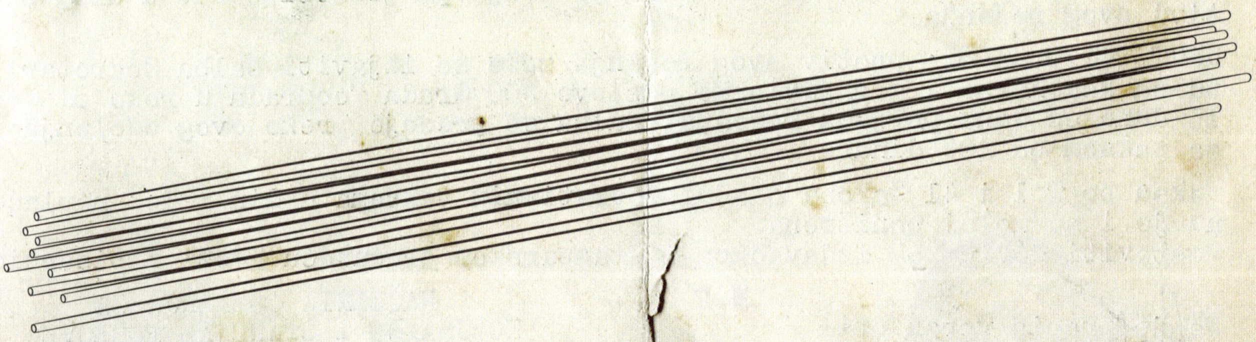

FÜR 4 PERSONEN

125 g Butter
125 ml Olivenöl
2 Schalotten, fein gehackt
6 Knoblauchzehen, fein gehackt
¼ TL getrocknete Chiliflocken (nach Belieben)
fein geriebene Schale 1 großen Zitrone
85 ml trockener Weißwein
2 EL Zitronensaft
600 g rohe große Garnelen, ausgelöst und Darm entfernt
2 EL frisch gehackte glatte Petersilie
350 g getrocknete Capellini
Salz und Pfeffer

Mamas kleiner Tipp:
Dieses Rezept schmeckt auch mit Spaghetti, Linguine oder Tagliatelle ganz hervorragend, nehmen Sie die Pasta, die Sie gerade im Schrank haben!

1

2

3

Frittata primavera

Omelett mit Frühlingsgemüse

FÜR 2 PERSONEN

15 g Pinienkerne
5 Eier
50 g feine grüne Spargelstangen
50 g grüne Bohnen
50 g frisch gepalte Erbsen oder junge dicke Bohnen
1 TL Olivenöl
10 g Butter
25 g Parmesanspäne
1 Handvoll Rucolablätter
Salz und Pfeffer
knuspriges Brot, zum Servieren

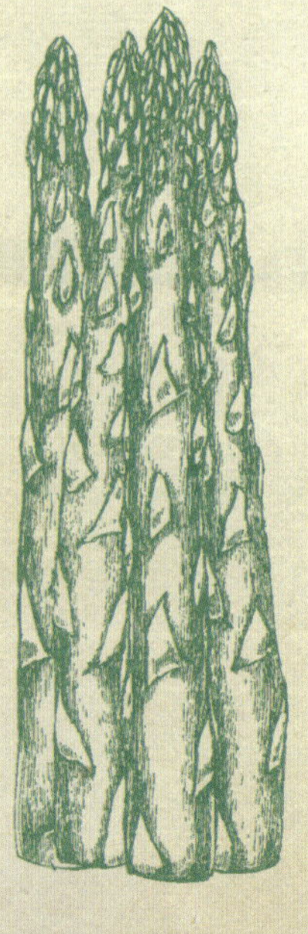

1. Die Pinienkerne in einer großen Pfanne mit hitzebeständigem Griff bei mittlerer Hitze rösten. Dabei gelegentlich wenden, bis sie goldbraun sind. Auf einen Teller geben.

2. Die Eier in eine Schüssel aufschlagen, verquirlen und nach Belieben mit Salz und Pfeffer würzen.

3. Den Backofengrill vorheizen. Wasser in einem Topf zum Kochen bringen. Spargel, grüne Bohnen und Erbsen oder dicke Bohnen hineingeben, 5 Minuten garen und abgießen.

4. Die Pfanne auf mittlerer Stufe erhitzen und Öl und Butter hineingeben. Sobald die Butter aufschäumt, das Gemüse in die Pfanne geben und die verquirlten Eier darübergießen.

5. Das Omelett 5 Minuten garen, bis sie von unten leicht gebräunt ist, dann die Pfanne auf der obersten Schiene des Backofens unter den vorgeheizten Grill stellen, bis sich eine Kruste bildet.

6. Parmesanspäne und Rucolablätter über der Frittata verteilen. Mit Pinienkernen bestreuen und mit knusprigem Brot servieren.

Polenta con ragù di funghi

Polenta mit Pilzragout

1. Für die Polenta 1 Liter Wasser in einem Topf zum Kochen bringen. Die Polenta unter Rühren einstreuen und 5 Minuten kochen. Bei kleiner Hitze unter ständigem Rühren 30 Minuten köcheln lassen, bis sie sich vom Topf löst. Die Polenta in eine mit kaltem Wasser ausgespülte Form gießen, glatt streichen und abkühlen lassen. Dann in 12 Scheiben schneiden.

2. Für das Ragout die Steinpilze durch ein mit Musselintuch ausgelegtes Sieb oder einen Kaffeefilter abgießen, die Flüssigkeit auffangen und beiseitestellen. Die Steinpilze abspülen, in Scheiben schneiden und beiseitestellen.

3. Olivenöl und Butter in einer großen Pfanne mit Deckel auf mittlerer Stufe erhitzen. Die Mischpilze hineingeben und 5 Minuten braten, dabei regelmäßig wenden. Steinpilze, Knoblauch und Rosmarin zufügen und mit Salz und Pfeffer würzen. Weiterbraten, bis die Mischpilze ihre Flüssigkeit abgegeben und wieder aufgenommen haben.

FÜR 4 PERSONEN

1 TL Salz
250 g Polenta
Olivenöl mit Knoblaucharoma
frisch gehackte glatte Petersilie, zum Garnieren

PILZRAGOUT
30 g getrocknete Steinpilze, in 175 ml Wasser für mindestens 30 Min. eingeweicht
3 EL natives Olivenöl extra
30 g Butter
800 g frische Mischpilze, in dicke Scheiben geschnitten
4 Knoblauchzehen, fein gehackt
1 TL getrockneter Rosmarin oder Thymian
4 EL roter Wermut
Salz und Pfeffer

4. Den Wermut und 125 ml der Steinpilzflüssigkeit zugießen und unter Rühren zum Kochen bringen. Auf niedrige Hitze reduzieren, den Deckel auf die Pfanne setzen und 15–20 Minuten köcheln lassen, bis die Pilze sehr zart sind. Nach Belieben nachwürzen.

5. In der Zwischenzeit eine Grillpfanne auf hoher Stufe erhitzen und den Backofen auf 180 °C vorheizen. Die Polentascheiben mit Öl bestreichen und so viele in die Pfanne legen, wie nebeneinander hineinpassen. 3 Minuten von jeder Seite grillen, bis die Polenta schwarze Streifen zeigt. Die Polentascheiben im Backofen warm halten, während die restlichen gebraten werden.

6. Die Polentascheiben auf vorgewärmte Teller legen und das Ragout darüber verteilen. Mit Petersilie garnieren und sofort servieren.

Risotto con polpettine piccanti

Risotto mit pikanten Hackbällchen

FÜR 4 PERSONEN

1 dicke Scheibe Weißbrot
Wasser oder Milch, zum Einweichen
450 g frisches Schweinehack
2 Knoblauchzehen, fein gehackt
1 EL fein gehackte Zwiebel
1 TL schwarze Pfefferkörner, zerstoßen
1 Prise Salz
1 Ei
Maiskeimöl, zum Frittieren
400 g gehackte Tomaten aus der Dose
1 EL Tomatenmark
1 TL getrockneter Oregano
1 TL Fenchelsamen
1 Prise Zucker
1 EL Olivenöl
40 g Butter
1 kleine Zwiebel, fein gehackt
280 g Risottoreis
150 ml Rotwein
1 l Rinderbrühe
Salz und Pfeffer
frische Basilikumblätter, zum Garnieren

1. Das Brot in eine Schüssel legen, Wasser darübergießen und 5 Minuten einweichen lassen. Das Brot ausdrücken und zusammen mit Hackfleisch, Knoblauch, Zwiebel, Pfefferkörnern und Salz in eine Schüssel geben. Das Ei zufügen und gut vermengen. Die Mischung zu 12 Bällchen formen. Das Maiskeimöl in einer Pfanne erhitzen, die Bällchen darin anbraten. Herausnehmen und abtropfen lassen.

2. Tomaten, Tomatenmark, Kräuter und Zucker in einem Topf verrühren. Die Fleischbällchen zugeben. Aufkochen, die Hitze reduzieren und 30 Minuten köcheln lassen.

3. Olivenöl und 25 g Butter in einem tiefen Topf erhitzen, bis die Butter geschmolzen ist. Die Zwiebel hineingeben und 5 Minuten dünsten, bis sie goldgelb ist Die Hitze reduzieren, den Reis sorgfältig einrühren, damit er von allen Seiten Öl und Butter aufnimmt. Unter ständigem Rühren 2–3 Minuten braten, bis die Körner glasig werden. Den Wein zugießen und unter Rühren köcheln, bis er eingekocht ist.

4. Nach und nach die heiße Brühe zugießen. Dabei ständig rühren und erst wieder Brühe nachgießen, wenn die Flüssigkeit im Topf fast aufgesogen ist. Etwa 20 Minuten garen und nach Belieben würzen. Die Fleischbällchen aus der Tomatensauce nehmen und zum Risotto geben. Den Topf vom Herd nehmen und die restliche Butter untermischen. Den Risotto mit Fleischbällchen auf die vorgewärmten Teller verteilen. Mit Tomatensauce beträufeln, mit Basilikum garnieren und sofort servieren.

Pizzaiola

Rumpsteak mit Tomatensauce

FÜR 4 PERSONEN

3 EL Olivenöl, plus etwas mehr zum Einreiben
700 g Tomaten, geschält und gehackt
1 rote Paprika, entkernt und gehackt
1 Zwiebel, gehackt
2 Knoblauchzehen, fein gehackt
1 EL frisch gehackte glatte Petersilie
1 TL getrockneter Oregano
1 TL Zucker
4 Rumpsteaks (à 175 g)
Salz und Pfeffer

1. Öl, Tomaten, Paprika, Zwiebel, Knoblauch, Petersilie, Oregano und Zucker in einen Topf geben und mit Salz und Pfeffer würzen. Zum Kochen bringen, die Hitze reduzieren und 15 Minuten köcheln lassen.

2. Inzwischen den Backofengrill auf höchste Stufe vorheizen. Den Fettrand am Steak mehrmals bis zum Fleisch einschneiden. Jedes Steak großzügig mit Pfeffer und Öl einreiben (nicht salzen).

3. Die Steaks 1 Minute von jeder Seite auf der obersten Schiene des Backofens unter den Grill legen. Dann auf die mittlere Schiene des Backofens schieben und wie gewünscht garen: 1½–2 Minuten von jeder Seite, wenn die Steaks blutig sein sollen, 2½–3 Minuten, wenn sie medium sein sollen, und 3–4 Minuten, falls sie durchgebraten gewünscht werden.

4. Die Steaks auf vorgewärmten Tellern anrichten und die Sauce darüberlöffeln. Sofort servieren.

Scaloppine al Marsala

Kalbsschnitzel an Marsala

1. Die Kalbsschnitzel zwischen zwei Lagen Frischhaltefolie legen und mit der Teigrolle sanft klopfen, bis sie etwa 3 mm dünn sind.

2. Die Schnitzel mit Salz und Pfeffer würzen und mit Mehl bestäuben.

3. Das Olivenöl in einer großen Pfanne erhitzen, die Schnitzel hineinlegen und auf hoher Stufe von jeder Seite 1 Minute anbraten, bis sie leicht gebräunt sind. Den Marsala zugießen und die Flüssigkeit um die Schnitzel etwa 1 Minute blubbern lassen.

4. Auf Tellern anrichten und den Bratensaft aus der Pfanne über die Schnitzel verteilen. Mit Petersilie garnieren und mit Kartoffelpüree oder grünem Salat sofort servieren.

FÜR 2 PERSONEN

4 Kalbsschnitzel (à 70 g)
1 EL Mehl
3 EL Olivenöl
150 ml Marsala
Salz und Pfeffer
1 Handvoll frisch gehackte glatte Petersilie, zum Garnieren
Kartoffelpüree oder grüner Salat, zum Servieren

Mamas kleiner Tipp:
Sie können das Kalbfleisch auch durch Hähnchenfilet ersetzen, befolgen Sie ansonsten das Rezept unverändert.

Aragosta al forno

Gebackene Languste

1. Den Backofen auf 180 °C vorheizen. Eine Backform wählen, in der alle Langustenschwänze nebeneinander auf dem Rücken liegen können.

2. Die Langustenschwänze mit dem Panzer nach unten auf ein Schneidebrett legen. Mit einer Küchenschere den Bauchpanzer der Länge nach aufschneiden, ohne den Rückenpanzer und die Schwanzflosse zu beschädigen. Mit einem kleinen Messer das Fleisch in der Länge durchschneiden, ohne den Rückenpanzer zu beschädigen. Den Bauchpanzer abschneiden und den schwarzen Rückendarm auslösen und entfernen. Abdecken und bis zur Weiterverarbeitung in den Kühlschrank stellen.

3. Das Öl in einer kleinen Pfanne erhitzen. Die Schalotte darin goldgelb dünsten. Den Knoblauch zufügen und unter Rühren 1 weitere Minute garen. Semmelbrösel, Oregano, Zitronenschale und Petersilie einrühren und mit Salz und Pfeffer würzen.

4. Die Langustenschwänze ganz leicht würzen, dann die Schwänze in der Backform auf dem Rückenpanzer anordnen, ggf. zu Kugeln geformte Aluminiumfolie zwischen die Langusten setzen, damit sie nicht umfallen. Die Semmelbrösel-Mischung auf die 4 Schwänze verteilen. Eventuell bleibt etwas von der Mischung übrig. Mit Olivenöl beträufeln.

5. Inzwischen Wasser zum Kochen bringen und so viel in die Form füllen, dass es bis zur halben seitlichen Höhe des Rückenpanzers reicht, dabei darf kein Wasser an die Füllung kommen. Im vorgeheizten Ofen 20 Minuten backen, bis das Fleisch unter der Füllung an der dicksten Stelle ganz weiß ist. Aus dem Ofen nehmen und sofort servieren.

FÜR 4 PERSONEN

- 4 tiefgefrorene Langustenschwänze (à 175 g), aufgetaut und trocken getupft
- 4 EL Olivenöl, plus etwas mehr zum Beträufeln
- 1 große Schalotte, sehr fein gehackt
- 2 Knoblauchzehen, sehr fein gehackt
- 6 EL feine Semmelbrösel
- 2 TL getrockneter Oregano
- abgeriebene Schale von 2 Zitronen
- 1 EL frische fein gehackte glatte Petersilie
- Salz und Pfeffer

Tonno condito

Marinierte Thunfischsteaks

1. Für die Marinade Olivenöl, Orangensaft, schwarze Oliven, grüne Oliven, Tomaten, Paprika, Thymian und Orangenschale in einer nicht metallenen Schüssel vermengen. Mit Salz und Pfeffer würzen und beiseitestellen.

2. Eine große geriffelte Grillpfanne auf mittlerer bis hoher Stufe erhitzen, bis ein Wassertropfen darauf zischt. Jedes Thunfischsteak von einer Seite mit Öl bestreichen, in die Pfanne legen und die Oberseite mit Salz und Pfeffer würzen. Je nach gewünschtem Gargrad für blutig von jeder Seite 2 Minuten braten, für durchgebraten bis zu 5 Minuten.

3. Die Thunfischsteaks auf eine tiefe Servierplatte legen, auf der sie nebeneinander Platz haben. Die Marinade darübergießen und auskühlen lassen.

1

3

4

FÜR 4 PERSONEN

4 Thunfischsteaks (à 150 g)
2 EL Olivenöl, plus etwas mehr, zum Bestreichen
1 Fenchelknolle, in feine Streifen geschnitten
Salz und Pfeffer
Rucolablätter und knuspriges Brot, zum Servieren

MARINADE

125 ml Olivenöl · 2 EL Orangensaft
50 g schwarze Oliven, entsteint und klein gehackt
50 g grüne Oliven, entsteint und klein gehackt
2 große Tomaten, enthäutet, entkernt und gehackt
1 große gegrillte rote Paprika, entkernt und in Streifen
Blätter von 4 frischen Thymianzweigen oder 2 TL getrockneter Thymian
abgeriebene Schale von 1 Orange
Salz und Pfeffer

4. In der Zwischenzeit die Fenchelstreifen mit Öl bestreichen und nebeneinander in der Pfanne braten, bis sie von beiden Seiten leichte Streifen zeigen. Zum Thunfisch geben und in die Marinade drücken.

5. Beim Servieren die Thunfischsteaks auf vier Essteller verteilen und Fenchel, Oliven und Tomaten darübergeben. Mit der Marinade begießen und die Rucolablätter darauf anrichten. Mit reichlich Brot servieren, das in die köstliche Marinade getunkt werden kann.

Saltimbocca

Schweineröllchen mit Parmaschinken

FÜR 4 PERSONEN

4 dünne Schweineschnitzel
4 große dünne Scheiben Parmaschinken oder San Daniele
4 große Salbeiblätter
100 g Butter
200 ml Marsala, Madeira oder trockener Weißwein
Salz und Pfeffer
Bratkartoffeln und grüner Salat, zum Servieren

1. Die Schnitzel auf ein Küchenbrett legen und mit dem Fleischklopfer oder einer Teigrolle plattieren, bis sie die gleiche Größe haben wie die Schinkenscheiben. 1 Scheibe Schinken flach auslegen, 1 Scheibe Schweinefleisch darauf platzieren und 1 Salbeiblatt vorn auflegen.

2. Mit Salz und Pfeffer würzen. Dann das Fleisch um das Salbeiblatt aufrollen und mit einem Zahnstocher befestigen. Der Schinken sollte auf der Außenseite sein. Mit allen 4 Schnitzeln wiederholen.

3. Eine breite Kasserolle auf hoher Stufe erhitzen. Die Butter hineingeben, die Fleischröllchen zufügen und schnell von allen Seiten braun anbraten. Den Marsala zugießen und die Hitze reduzieren.

4. Mit einem Deckel verschließen und 10–15 Minuten kochen lassen, bis das Fleisch gar ist. Das Schweinefleisch sollte nicht mehr rosa sein, und der beim Hineinstechen austretende Saft sollte klar sein.

5. Die Fleischröllchen mit einem Schaumlöffel aus der Kasserolle heben und warm stellen. Den Herd auf höchste Stufe stellen und die Flüssigkeit 2 Minuten einkochen lassen, sodass sie andickt. Die Sauce über die Fleischröllchen gießen und sofort mit Bratkartoffeln und grünem Salat servieren.

Essen für alle Generationen

Ein großes Familientreffen kann drei oder gar vier Generationen vereinen. Wenn ich alle Kinder um mich versammle, gibt es an meinem Tisch für jeden etwas, von den Oldtimern wie Alberto und mich bis hin zu unseren wunderbaren Urenkeln.

Eine große Familie ist ein Geschenk des Himmels, doch Gäste jeden Alters zu bewirten bedarf einer gewissen Vorbereitung.

Warum bestehen manche Leute darauf, dass Kinder an getrennten Tischen essen? Wenn Kinder mit am Tisch sitzen, macht das Essen mehr Spaß.

Versuchen Sie, es so einzurichten, dass jeder von seinem Platz aus die anderen sehen kann. Eltern sollten jedoch nach Möglichkeit in der Nähe ihrer Kinder sitzen, denn die Älteren sehen dem Tatendrang der Kinder gern zu, sind aber vielleicht nicht mehr schnell genug, um im Notfall einzuschreiten.

In meinem Haus fasst jeder mit an! Einige helfen mir in der Küche, andere suchen mit Alberto den Wein aus. Wieder andere erzählen Geschichten oder spielen mit den Kleinen. Es sollte keine Stille herrschen, keine Formalität. Es geht um ein Familienessen, nicht um die Messe beim Papst im Vatikan!

Feiern Sie die Tatsache, dass Sie alle zusammen sind – teilen Sie die Weisheit der Alten und die Kraft der Jungen.

Das italienische Sprichwort *Chi mangia solo, crepa solo* besagt „Wer allein isst, stirbt allein". Das beste Essen schmeckt in Gesellschaft noch besser, warten Sie also nicht auf einen großen Anlass. Mit Menschen zusammenzusitzen, die man liebt, ist genug Anlass zu feiern.

Planen Sie etwas nach dem Essen. Spiele für die Kinder, etwas Ruhigeres für die Älteren. Jeder verdaut im eigenen Rhythmus.

Filetti di salmone con pesto

Lachsfilets mit Petersilien-Pesto

FÜR 4 PERSONEN

4 Lachssteaks (à 175 g)
gemischter Salat und gegrillte Ciabatta, zum Servieren

PETERSILIEN-PESTO

2 Knoblauchzehen, grob gehackt
25 g Pinienkerne
40 g frische glatte Petersilie, die dicken Stängel entfernt
1 TL Salz
25 g frisch geriebener Parmesan
125 ml natives Olivenöl extra, plus etwas mehr bei Bedarf

1. Für den Pesto Knoblauch, Pinienkerne, Petersilie und Salz in der Küchenmaschine oder mit dem Stabmixer pürieren.

2. Den Parmesan zufügen und noch einmal kurz mixen. Das Olivenöl zugießen und mixen. Falls die Konsistenz noch zu dick ist, etwas mehr Olivenöl zugeben und erneut mixen, bis der Pesto glatt ist. In eine Schüssel geben und beiseitestellen.

3. Inzwischen den Backofengrill vorheizen. Die Lachssteaks auf die mittlere Schiene des Backofens legen und 10–15 Minuten unter dem Grill garen, je nachdem, wie dick die einzelnen Steaks sind, bis das Fleisch rosafarben ist und sich leicht zerteilen lässt.

4. Den Lachs auf die Teller verteilen, mit Petersilien-Pesto bedecken und sofort mit Salat und Ciabatta servieren.

Ribollita

Eintopf mit Kohl & Bohnen

FÜR 4 PERSONEN

3 EL Olivenöl
2 rote Zwiebeln, grob gehackt
3 Karotten, in Scheiben
3 Selleriestangen, grob gehackt
3 Knoblauchzehen, gehackt
1 EL frisch gehackter Thymian
400 g weiße Bohnen aus der Dose, abgespült und abgetropft
400 g gehackte Tomaten aus der Dose
600 ml Wasser oder Gemüsebrühe und etwas mehr, falls nötig
2 EL frisch gehackte Petersilie
500 g Cavolo nero (Palmkohl) oder Wirsingkohl, in Streifen
1 kleiner Laib Ciabatta vom Vortag, in Stücken
Salz und Pfeffer
natives Olivenöl extra, zum Servieren

1. Das Olivenöl in einem großen Topf erhitzen und Zwiebeln, Karotten und Sellerie darin bei mittlerer Hitze 10–15 Minuten dünsten. Dabei regelmäßig rühren. Knoblauch und Thymian zufügen und mit Salz und Pfeffer würzen. Weitere 1–2 Minuten dünsten, bis das Gemüse leicht anbräunt.

2. Die weißen Bohnen in den Topf geben und die Tomaten zufügen. So viel Wasser zugießen, bis das Gemüse bedeckt ist.

3. Das Ganze zum Kochen bringen, die Hitze reduzieren und 20 Minuten köcheln lassen. Petersilie und Kohl zufügen und weitere 5 Minuten köcheln.

4. Das Brot unterrühren und bei Bedarf etwas mehr Wasser nachgießen. Die Konsistenz sollte aber dick bleiben.

5. Abschmecken und, falls nötig, mit Salz und Pfeffer nachwürzen. Sofort mit Olivenöl beträufelt servieren.

Beilagen & Salate

Wissen Sie, was den Maestro von der Menge unterscheidet? Was den Künstler zum Genie erhebt? Das Auge fürs Detail. Natürlich kann man lernen, ein Steak zu braten, ein Ragout zu kochen und ein Schnitzel zuzubereiten, doch wir leben nicht vom Fleisch allein! Und ich kann meine Familie nicht mit Mahlzeiten füttern, bei denen die Beilagen, die Kleinigkeiten, das Auge fürs Detail fehlen, die sie doch alle mit dem Wunsch nach mehr zurückkommen lassen. Vernachlässigen Sie Ihre Beilagen und Salate nicht! Wer das tut, ist als Amateur entlarvt!

Wenn Spinat in Gorgonzolasauce, Carpaccio oder auch meine Bratkartoffeln richtig zubereitet sind, mit den frischesten Gemüsesorten, den knackigsten Blättern und aromatischsten Kräutern, dann gehören sie zu den besten Dingen, die man auf einem italienischen Familientisch finden kann!

Peperoni e cipolle

Paprikagemüse

FÜR 4 PERSONEN

3 EL Olivenöl
1 große Zwiebel, in feine Ringe geschnitten
3 gemischte Paprika, rot, orange und gelb, entkernt und in Streifen geschnitten
2 Knoblauchzehen, fein gehackt
400 g gehackte Tomaten aus der Dose
2 TL getrockneter Thymian
Salz und Pfeffer

1. Das Öl in einer großen Pfanne mit Deckel auf mittlerer Stufe erhitzen. Die Zwiebel hineingeben und umrühren. Den Deckel auflegen, auf niedrige Stufe reduzieren und 8–10 Minuten dünsten, bis die Zwiebel weich, aber nicht braun ist.

2. Paprika und Knoblauch in die Pfanne geben und umrühren mit Salz und Pfeffer würzen. Die Pfanne wieder abdecken und 5 Minuten köcheln lassen. Tomaten und Thymian zufügen und aufkochen lassen, dabei umrühren.

3. Die Herdplatte auf eine kleine Stufe stellen, den Deckel wieder auf die Pfanne legen und 20 Minuten garen, bis die Paprika weich ist. Sollte die Sauce zu flüssig sein, die Hitze erhöhen und ohne Deckel kochen lassen, bis sie die gewünschte Konsistenz hat. Nach Geschmack nachwürzen

4. In eine Servierschüssel füllen und heiß oder bei Zimmertemperatur servieren.

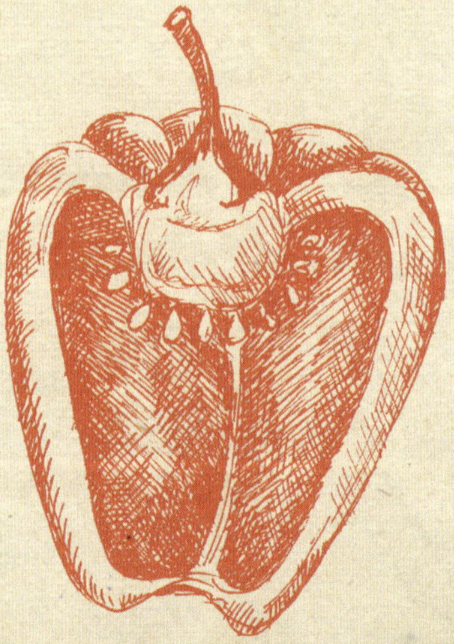

Cime di rapa gratinate

Gratinierter Stängelkohl

1. Für die Béchamelsauce Milch, Lorbeerblätter und Zwiebel mit 1 Prise Salz in einen Topf geben und bis an den Siedepunkt erhitzen. Vom Herd nehmen, den Topf abdecken und mindestens 1 Stunde ruhen lassen. Die Milch durch ein Sieb gießen und beiseitestellen.

2. Die Butter in einem Topf bei mittlerer Hitze zerlassen. Das Mehl zufügen und 2 Minuten einrühren, bis sich eine glatte Paste bildet. Den Topf vom Herd nehmen und nach und nach die Milch einrühren, bis die Sauce glatt ist. Wieder auf die Herdplatte stellen und bis kurz vor den Siedepunkt erhitzen, dann die Hitze reduzieren und 5 Minuten köcheln lassen. Mit Salz und Pfeffer würzen und beiseitestellen.

3. In der Zwischenzeit den Backofengrill vorheizen und den Rost möglichst 5 cm unter der Hitzequelle einschieben. Salzwasser in einem großen Topf zum Kochen bringen.

FÜR 4 PERSONEN

750 g Cime di rapa (italienischer Stängelkohl) oder Rübstiel
30 g frisch geriebener Parmesan
Salz und Pfeffer

BÉCHAMELSAUCE

300 ml Milch
2 Lorbeerblätter
½ Zwiebel, mit 4 Nelken gespickt
30 g Butter, plus etwas mehr zum Einfetten
2 EL Mehl
Salz und Pfeffer

4. Die dicken Enden sowie eventuelle gelbe Blätter vom Stängelkohl entfernen. Die dünnen Stängel mit Blättern von den dicken Stängeln mit Blütenstand trennen. Den Stängelkohl mehrfach gut in kaltem Wasser waschen.

5. Die dicken Stängel mit Blütenstand in das kochende Wasser legen und 2 Minuten kochen. Dann die dünnen Stängel hinzufügen und 6–8 Minuten kochen. Gut abtropfen lassen und die restliche Flüssigkeit ausdrücken.

6. Eine Auflaufform einfetten. Den Stängelkohl darin verteilen und mit Salz und Pfeffer würzen. Die Béchamelsauce darübergießen und mit Käse bestreuen.

7. Die Auflaufform unter den vorgeheizten Grill stellen und 10–12 Minuten grillen, bis die Oberfläche Blasen wirft und goldgelb geworden ist. Vor dem Servieren 2 Minuten ruhen lassen.

Spinaci in gorgonzola

Spinat in Gorgonzolasauce

Mamas kleiner Tipp:
Dieses Gericht schmeckt noch besser, wenn man kurz vor dem Servieren eine Handvoll geröstete Pinienkerne unterrührt.

FÜR 4 PERSONEN

1 kg Spinat
60 g Butter
½ TL frisch geriebene Muskatnuss
125 ml trockener Weißwein
125 ml Milch
125 g Gorgonzola, zerbröckelt
2 Eigelb
Salz und Pfeffer

1. Die harten Stängel des Spinats heraussuchen und entfernen, dann den Spinat in ein Sieb geben und unter fließend kaltem Wasser waschen. Abtropfen lassen.

2. Die Hälfte der Butter in einem großen Topf auf mittlerer Stufe zerlassen. Den Spinat mit anhaftendem Restwasser hineingeben und umrühren. Den Deckel auf den Topf legen und 3–4 Minuten kochen, bis der Spinat zusammengefallen ist.

3. Die Muskatnuss unterrühren, mit Salz und Pfeffer würzen, dann die Temperatur auf niedrige Stufe stellen und den Spinat warm halten, während die Sauce zubereitet wird.

4. Wein und Milch in einen separaten Topf gießen und zum Kochen bringen. Weiterköcheln, bis die Flüssigkeit leicht reduziert ist. Den Gorgonzola zufügen und rühren, bis er geschmolzen ist. Den Topf vom Herd nehmen.

5. Das Eigelb in einer kleinen Schüssel verquirlen, ein wenig von der heißen Sauce einrühren und dann zusammen mit der restlichen Butter und dem Spinat in den Topf geben. Gut verrühren und auf mittlere Stufe stellen, bis alles durchgewärmt ist.

6. Abschmecken und, falls nötig, mit Salz und Pfeffer nachwürzen. Sofort servieren.

Mamas Gemüsegarten

Der Mensch lebt nicht vom Brot allein, doch auch Fleisch allein stellt keine Mahlzeit dar. Die italienische Küche ist sehr regional geprägt, weil sie ihre Wurzeln in den Früchten des Landes hat. Mein Gemüse ist das Geheimnis meiner Küche. Ein knackiger Salat oder geschmackvoll zubereitete Zucchini machen aus einem einfachen Abendessen ein Kunstwerk!

Nichts, aber auch gar nichts schmeckt besser als selbst gezogenes Gemüse, das kurz vor dem Kochen aus dem eigenen Garten geholt wird. Nachstehend habe ich Tipps zu drei Gemüsesorten aus meinem Garten.

Artischocken

Diese wunderbaren Pflanzen haben sehr schöne Blüten und schmecken mit Butter ganz hervorragend. Es kann schwierig sein, sie aus Samen zu ziehen, also würde ich kleine Pflanzen kaufen und sie im Frühjahr in eine sonnige Ecke des Gartens pflanzen.

Im ersten Jahr ist es wichtig, die Blütenköpfe zu entfernen, dadurch wird die Pflanze stärker. Danach können im Sommer die Blütenstände abgeschnitten und gegessen werden. Köstlich!

Zucchini

Im März sollten Sie die Samen in kleine Töpfe aussäen und im Mai an einen geschützten, sonnigen Platz im Garten auspflanzen. Lassen Sie den Pflanzen Platz, sie können ganz schön groß werden. Zucchinipflanzen müssen immer gut feucht gehalten werden. Die Zucchini sollten Sie immer ernten, sobald sie groß genug sind, denn je mehr Sie entnehmen, umso mehr lässt die Pflanze nachwachsen! Ich mag sie gern, wenn sie ungefähr 10 cm lang sind.

Auberginen

Auberginen können Sie sogar auf der Fensterbank züchten. In den ersten Frühjahrstagen geben Sie ein paar Samen in einen kleinen Topf mit Erde, darüber stülpen Sie eine durchsichtige Plastiktüte. Stellen Sie den Topf auf eine sonnige Fensterbank, bis die ersten Sprossen hervorkommen. Dann die Plastiktüte entfernen, und wenn die Pflanzen größer werden, in einen größeren Topf umpflanzen. Falls Sie einen Garten haben, pflanzen Sie sie im Mai aus.

Carciofi alla romana

Artischocken auf römische Art

FÜR 4 PERSONEN

1 EL Zitronensaft
4 Artischocken
6 EL frisch gehackte glatte Petersilie
Blätter von 8 Zweigen Minze, fein gehackt
4 große Knoblauchzehen, 2 fein gehackt, 2 in Scheiben geschnitten
200 ml Olivenöl
300 ml trockener Weißwein
Salz und Pfeffer

1. Den Backofen auf 160 °C vorheizen. Den Zitronensaft in eine Schüssel mit Wasser geben – sie sollte ausreichend groß sein, um die Artischocken aufzunehmen; dann beiseitestellen.

2. Alle äußeren Blätter der Artischocken entfernen und die Stiele kürzen. Den oberen Teil jeder Artischocke abschneiden und das Heu vom Artischockenboden entfernen und wegwerfen. Die Artischocken in Zitronenwasser legen, damit sie ihre Farbe nicht verlieren.

3. Petersilie, Minze, gehackten Knoblauch und 3 Esslöffel Öl vermischen und würzen. Die Artischocken aus dem Wasser heben und auf Küchenpapier abtropfen.

4. Die Minzemischung auf die Artischocken verteilen und jeweils in den Hohlraum drücken. Die Artischocken in eine tiefe Backform stellen, in der sie aufrecht stehen. Restliches Öl und Wein vermischen und um die Artischocken gießen. Die Knoblauchscheiben darüberstreuen und mit Alufolie abdecken. 40–50 Minuten im Ofen garen, bis die Artischocken weich sind. Aus der Backform nehmen und abkühlen lassen.

5. Die Garflüssigkeit in einen kleinen Topf gießen und kochen, bis die Flüssigkeit auf die Hälfte reduziert ist. Die Knoblauchscheiben entfernen, nachwürzen und abkühlen lassen. Dann die Artischocken aufrecht in die Sauce setzen und bis zu 2 Tage in den Kühlschrank stellen. 15 Minuten vor dem Verzehr die Artischocken aus dem Kühlschrank holen und bei Zimmertemperatur mit Sauce überlöffelt servieren.

Scafata

Dicke Bohnen in Tomatensauce

FÜR 4 PERSONEN

3 EL Olivenöl
1 Karotte, fein gehackt
1 Selleriestange, fein gehackt
½ Zwiebel, fein gehackt
4 große Tomaten
350 g ausgelöste dicke Bohnen, TK-Ware aufgetaut
150 ml Passata (passierte Tomaten)
2 EL Wasser
4 Zweige frischer Thymian
2 Lorbeerblätter
1 Prise Zucker
Salz und Pfeffer
natives Olivenöl extra, zum Servieren (nach Belieben)

1. Das Olivenöl in einem Topf auf hoher Stufe erhitzen. Karotte, Sellerie und Zwiebel hinzufügen und auf kleine Stufe stellen. Den Topf abdecken und 8–10 Minuten köcheln lassen oder bis die Zwiebel weich, aber nicht braun ist.

2. In der Zwischenzeit einen Topf mit Salzwasser zum Kochen bringen. Die Tomaten am unteren Ende über Kreuz einritzen, anschließend in das kochende Wasser geben und 2–3 Minuten blanchieren, bis sich die Haut löst. Abgießen und unter fließend kaltem Wasser abspülen. Die Haut abziehen, Kerne entfernen und das Fleisch klein hacken.

3. Dicke Bohnen, Tomaten, Passata, Wasser, Thymian, Lorbeer und Zucker zur Zwiebelmischung geben und verrühren. Mit Salz und Pfeffer würzen und aufkochen. Anschließend auf ganz kleine Hitze reduzieren, den Topf abdecken und 30–40 Minuten garen lassen, bis die Bohnen und das Gemüse sehr weich sind.

4. Thymianzweige und Lorbeerblätter entfernen, abschmecken und nachwürzen, falls nötig. In eine Servierschüssel geben und nach Belieben mit Olivenöl servieren.

Cicoria con aglio

Endivie mit Knoblauch

FÜR 4 PERSONEN

4 EL Olivenöl
4 Knoblauchzehen, in dünne Scheiben geschnitten
400 g glattblättrige Endivie (Eskariol), ersatzweise Chicorée oder Radicchio, gut gewaschen und trocken geschüttelt, in Stücke gezupft
frisch gepresster Zitronensaft, nach Belieben
Salz und Pfeffer

1. Das Olivenöl in einer großen Pfanne auf mittlerer Temperatur erhitzen.

2. Den Knoblauch darin unter Rühren 2 Minuten dünsten, bis seine Aromen frei werden. Aufpassen, dass der Knoblauch nicht anbrennt oder zu braun wird.

3. Die Endivie zufügen und gut vermischen, bis alle Blätter von Öl umzogen sind. Den Herd auf hohe Stufe stellen und weitere 3–5 Minuten braten, dabei regelmäßig wenden. Die Endivienblätter sollten weich und zusammengesunken sein.

4. Den Zitronensaft untermengen und mit Salz und Pfeffer würzen. Sofort servieren.

Mamas kleiner Tipp:
Endivie kann ein wenig bitter schmecken. Falls Sie sie nicht mögen, versuchen Sie dieses Rezept einmal mit jungem Spinat.

Purè di patate

Kartoffelpüree mit Kräutern

FÜR 4 PERSONEN

4 frische Zweige Rosmarin
600 g mehlig kochende Kartoffeln, in kleine Stücke geschnitten
1 kleine Handvoll frische Basilikumblätter
125 ml natives Olivenöl extra, plus etwas mehr
Salz und Pfeffer

1. Die Rosmarinzweige in einen großen Topf mit Salzwasser legen und dieses zum Kochen bringen. Dann in einem kleineren Topf Wasser (ohne Salz) zum Kochen bringen. Eine kleine Schüssel mit Eiswasser bereitstellen.

2. Die Kartoffeln in das Salzwasser legen, das Wasser aufkochen und mit leicht geöffnetem Deckel 20–25 Minuten kochen lassen, bis sie sehr weich sind, aber noch nicht auseinanderfallen. Vom Herd nehmen und abkühlen lassen, aber nicht abgießen.

3. Inzwischen die Basilikumblätter in das ungesalzene Wasser legen, mit einem Holzlöffel untertauchen und nur einige Sekunden blanchieren, bis sie zusammenfallen. Abgießen und zum Abkühlen in das Eiswasser legen. Herausnehmen und mit Küchenpapier trocken tupfen, fein hacken und beiseitestellen.

4. Die abgekühlten Kartoffeln abgießen, dabei 4 Esslöffel des Kochwassers auffangen und beiseitestellen. Die Rosmarinzweige auffangen, Nadeln abziehen und beiseitestellen. Die Kartoffeln mit den 4 Esslöffeln Kochwasser zurück in den Topf geben und mit Salz und Pfeffer würzen. Mit einem Pürierstab zerkleinern.

5. Wenn die Kartoffeln anfangen, ein Püree zu bilden, langsam das Olivenöl untermixen und anschließend Rosmarin und Basilikum. Nachwürzen, falls nötig, und sofort servieren.

Patate al forno

Rosmarinkartoffeln

FÜR 4 PERSONEN

3 frische Zweige Rosmarin, plus etwas mehr zum Garnieren
800 g kleine Kartoffeln, in Würfel geschnitten
3 Knoblauchzehen, grob gehackt
5 EL Olivenöl, plus etwas mehr zum Einfetten
Salz und Pfeffer

1. Den Backofen auf 200 °C vorheizen. Eine große Backform mit Öl einfetten.
2. Die Rosmarinnadeln von den Zweigen ziehen, die Zweige entsorgen und die Nadeln grob hacken, dann beiseitestellen.
3. Auf dem vorbereiteten Backblech eine Lage Kartoffeln anordnen, dann ein wenig Knoblauch und Rosmarin darüberstreuen und mit Salz und Pfeffer würzen. Die Schichten wiederholen, bis alle Kartoffeln, Rosmarin und Knoblauch aufgebraucht sind.
4. Das Olivenöl über die Kartoffeln träufeln und anschließend die Backform in den vorgeheizten Ofen schieben. 45 Minuten garen, dabei die Kartoffeln regelmäßig wenden. Sie sollten weich und leicht gebräunt sein.
5. Mit 1 Zweig Rosmarin garnieren und die Kartoffeln sofort in der Backform servieren.

Mamas kleiner Tipp:
Sie können den Rosmarin auch durch frisch gehackte Minze ersetzen, das ist eine frisch schmeckende Alternative!

Frittate di formaggio e patate

Kartoffel-Käse-Omeletts

1. Salzwasser in einem Topf zum Kochen bringen. Die Kartoffeln hineinlegen, aufkochen lassen und 12–15 Minuten köcheln, bis sie gar sind. Gut abgießen und unter fließend kaltem Wasser abkühlen.

2. Inzwischen den Backofen auf 190 °C vorheizen. Eine Backform für 12 Muffins großzügig einfetten. Sobald die Kartoffeln so weit abgekühlt sind, dass man sie verarbeiten kann, pellen und in kleine Stücke schneiden.

3. In einer Schüssel Eier und Milch verquirlen. Kartoffeln, Paprika, Schnittlauch und zwei Drittel des Käses unterrühren. Mit Salz und Pfeffer würzen.

4. Die Mischung gleichmäßig auf die 12 Muffinformen im Blech verteilen, aber jede Form nur knapp zur Hälfte füllen. Den restlichen Käse auf die Formen streuen, dabei nicht zu nah an den Rand der Formen kommen, damit der Käse nicht verbrennt.

5. Die Backform in den vorgeheizten Ofen stellen und 25–30 Minuten garen, bis die Omelettes durchgegart und goldbraun sind.

6. Die Backform aus dem Ofen nehmen und ein Messer mit rundem Ende um jede Form gleiten lassen, um die Omeletts herauszulösen, dann stürzen. Auf einer Servierplatte anrichten und sofort servieren oder abkühlen lassen und bei Raumtemperatur servieren.

ERGIBT 12 STÜCK

100 g festkochende Kartoffeln, mit Schale und gut gewaschen und gebürstet
Olivenöl oder Sonnenblumenöl, zum Einfetten
4 Eier
125 ml Milch
2 gegrillte rote Paprika in Öl, abgetropft und fein gehackt
2 EL fein gehackter Schnittlauch
85 g frisch geriebener Parmesan oder Pecorino
Salz und Pfeffer

Mamas kleiner Tipp:
Sie können die eingelegten Paprika auch einmal durch 3 fein gehackte Scheiben Parmaschinken ersetzen, vorher aber den Fettrand abschneiden.

Insalata di Cesare

Caesar-Salat

FÜR 4 PERSONEN

125 ml Olivenöl
2 Knoblauchzehen
5 Scheiben Weißbrot, Kruste entfernt und in 1-cm-Würfel geschnitten
1 Ei
3 Romana-Salatherzen
2 EL Zitronensaft
8 eingelegte Sardellenfilets, abgetropft und grob gehackt
Salz und Pfeffer
frisch geriebene Parmesanspäne, zum Servieren

1. 4 Esslöffel Olivenöl in einer Pfanne erhitzen. Knoblauch und Brot hineingeben und 4–5 Minuten rösten, dabei regelmäßig wenden. Die Brotwürfel sollten knusprig und goldbraun sein.

2. Die Croûtons mit einem Schaumlöffel aus der Pfanne heben und auf Küchenpapier abtropfen lassen. Den Knoblauch wegwerfen.

3. Inzwischen Wasser in einem kleinen Topf zum Kochen bringen. Das Ei hineinlegen und 1 Minute kochen, dann aus dem Topf nehmen und beiseitestellen.

4. Die Salatherzen aufbrechen und die einzelnen Blätter in einer Schüssel anrichten. In einer separaten Schüssel das restliche Öl mit Zitronensaft mischen und mit Salz und Pfeffer würzen.

5. Das Ei aufbrechen, in die Zitronette geben und mit dem Schneebesen vermengen. Über den Salat gießen und gut mischen.

6. Gehackte Sardellen und Croûtons zufügen. Den Salat erneut mischen. Mit Parmesanspänen bestreuen und sofort servieren.

Carpaccio

Rindfleisch-Carpaccio

1. Für die Mayonnaise die Sardellenfilets auf einem Küchenbrett fein hacken, mit der Messerspitze zu einer Paste zerdrücken und beiseitestellen. Eigelb, die Hälfte des Zitronensaftes und Pfeffer in eine Schüssel geben. Mit einem Stabmixer oder einem Schneebesen verquirlen. Dann das Olivenöl Tropfen für Tropfen zufügen, während der Mixer weiterläuft, bis die Mayonnaise eine dickliche Konsistenz bekommt.

2. Das Sardellenöl untermixen, dann langsam das restliche Olivenöl in kleinem, beständigem Strahl zugießen und mixen, bis die Mischung dick wird. Die Sardellen untermixen. Abschmecken und, falls gewünscht, den restlichen Zitronensaft beimischen, mit Salz und Pfeffer würzen. Langsam das kochende Wasser unterschlagen, bis die Mayonnaise dünn genug ist, um so eben vom Rand eines Löffels zu gleiten. In eine Schüssel füllen, abdecken und kalt stellen, bis sie benötigt wird (maximal 3 Tage im Kühlschrank).

1

3

4

FÜR 4 PERSONEN

250–350 g Rinderfilet, hauchdünn geschnitten
2 EL kleine Kapern in Lake, abgetropft und trocken getupft
1 EL sehr fein gehackte Schalotte
Salz und Pfeffer
frische, fein gehackte glatte Petersilie, zum Garnieren

SARDELLEN-MAYONNAISE
6 Sardellenfilets in Öl, abgetropft und 1 TL des Sardellenöls aufbewahrt
1 Eigelb, zimmerwarm
1 TL Zitronensaft
125 ml natives Olivenöl extra
½–2 EL kochendes Wasser oder mehr, falls nötig
Salz und Pfeffer

3. Die hauchdünnen Rindfleischscheiben auf einer Servierplatte anrichten. Kapern und Schalotten darüberstreuen, mit Salz und Pfeffer würzen (nicht vergessen, dass die Kapern auch salzig sind).

4. Die Mayonnaise umrühren und, falls nötig, mit etwas kochendem Wasser verdünnen. Über das Carpaccio träufeln, mit Petersilie garnieren und servieren.

Mamas kleiner Tipp:
Es ist nicht leicht, Rinderfilet so dünn zu schneiden, wie es für Carpaccio sein muss. Bitten Sie Ihren Metzger, dies für Sie zu übernehmen. Falls Sie es selbst machen möchten, sollten Sie ein größeres Stück Filet kaufen. 20 Minuten in das Tiefkühlfach legen, dann ein sehr dünnes und sehr scharfes Messer benutzen. Die Scheiben zwischen Lagen von Frischhaltefolie legen und direkt auf die Servierplatte übertragen, ohne sie zu überlappen.

Insalata di rucola e parmigiana

Rucola-Parmesan-Salat

FÜR 4 PERSONEN

2 Handvoll Rucolablätter
1 kleine Fenchelknolle
5 EL Olivenöl
2 EL Balsamico-Essig
50 g Pinienkerne
100 g Parmesanspäne
Salz und Pfeffer

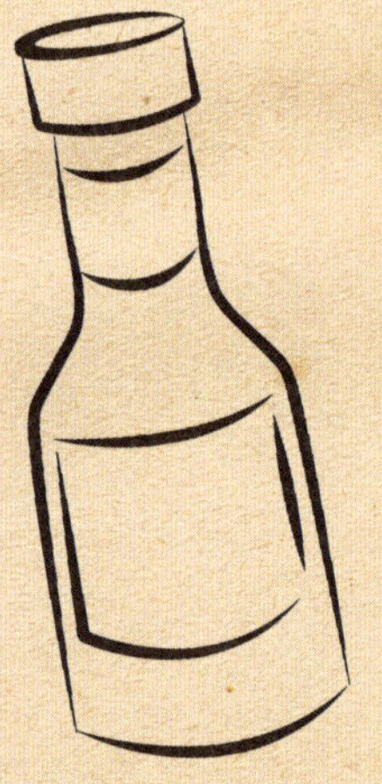

1. Den Rucola waschen, verwelkte Blätter oder zu harte Stängel aussortieren, dann trocken tupfen. Gleichmäßig auf vier Teller verteilen.
2. Die Fenchelknolle halbieren und in feine Scheiben schneiden. Die Fenchelscheiben auf dem Rucola anrichten.
3. Olivenöl, Balsamico, Salz und Pfeffer mit dem Schneebesen verrühren. Ein wenig von der Vinaigrette über jeden Teller geben.
4. Die Pinienkerne in einer trockenen Pfanne auf hoher Temperatur rösten, bis sie goldbraun sind.
5. Den Salat mit Parmesanspänen und gerösteten Pinienkernen bestreuen und sofort servieren.

Insalata rustica

Rustikaler Landsalat

1. Salzwasser in zwei Töpfen zum Kochen bringen. In den einen Topf die Kartoffeln legen, aufkochen und weitere 20–25 Minuten köcheln, bis sie weich sind. Die Blumenkohlröschen in den anderen Topf geben, aufkochen und weitere 5 Minuten köcheln, bis sie knackig weich sind.

2. Inzwischen Öl, Essig, Salz und Pfeffer in einer Salatschüssel mit dem Schneebesen verrühren.

3. Mit einem Schaumlöffel den Blumenkohl aus dem Topf heben, dabei überschüssiges Wasser abschütteln und ihn in die Vinaigrette-Schüssel geben.

4. Die Bohnen in das Blumenkohlkochwasser legen, wieder zum Kochen bringen und weitere 5 Minuten köcheln, bis sie knackig weich sind. Abgießen, abtropfen lassen und in die Salatschüssel geben.

5. Die Kartoffeln abgießen und unter fließend kaltem Wasser leicht abkühlen. Die Schale pellen und die Kartoffeln in mundgerechte Stücke schneiden, dann mit Frühlingszwiebeln und Rettich in die Vinaigrette rühren. Alle Zutaten sollten mit Vinaigrette überzogen sein. Mindestens 1 Stunde ruhen lassen.

6. Den Spinat unter die Zutaten mengen und eventuell mit etwas Öl, Essig Salz und Pfeffer nachwürzen. Pinienkerne und Rosinen untermengen.

7. Eine Servierplatte mit Radicchioblättern auslegen. Den Salat mit einem Löffel auf den Radicchioblättern verteilen, falls Vinaigrette in der Schüssel verbleibt, diese darübergeben. Mit reichlich Ciabatta servieren, sodass es ins Dressing getunkt werden kann.

FÜR 4 PERSONEN

300 g neue Kartoffeln
200 g Blumenkohlröschen
4 EL natives Olivenöl extra und mehr, falls nötig
4½ TL Rotweinessig und mehr, falls nötig
200 g feine grüne Bohnen, in mundgerechte Stücke geschnitten
4 Frühlingszwiebeln, fein gehackt
1 Rettich, in feinen Scheiben
85 g junge Spinatblätter
2 EL geröstete Pinienkerne
2 EL Rosinen
Salz und Pfeffer
Radicchioblätter
Ciabatta, zum Servieren

Insalata calabrese

Tomaten-Mozzarella-Salat

FÜR 4 PERSONEN

250 g Büffelmozzarella, in feine Scheiben geschnitten
2 große Fleischtomaten, in 5 mm dicke Scheiben geschnitten
6 große frische Basilikumblätter
natives Olivenöl extra
Balsamico
Meersalz und Pfeffer

1. Mozzarella und Tomatenscheiben dekorativ abwechselnd im Kreis auf vier Teller verteilen. Mit Salz und Pfeffer bestreuen.
2. Die Basilikumblätter aufeinanderschichten, zigarrenförmig aufrollen und quer in dünne Ringe schneiden, sodass sich feine Streifen ergeben.
3. Das Basilikum über die Salate streuen, etwas Öl und Balsamico darüberträufeln und sofort servieren. Olivenöl und Balsamico auf den Tisch stellen, damit jeder nach Belieben abschmecken kann.

Mamas kleiner Tipp:
Wenn im Winter die Tomaten blass und geschmacklos sind, schmeckt dieser Salat besser mit sonnengetrockneten Tomaten und gehacktem Schnittlauch anstelle des Basilikums.

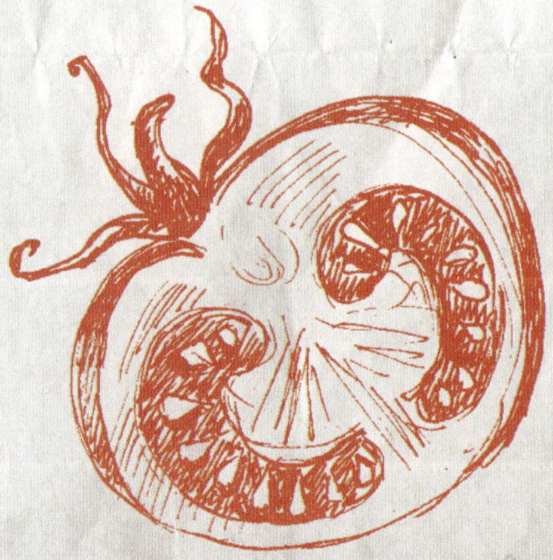

Insalata di pollo grigliato e pesto

Salat mit Hühnchen und Pesto

1. Den Backofengrill vorheizen und den Grillrost etwa 7,5 cm unter der Hitzequelle positionieren. Die Hühnerschenkel mit Öl bestreichen und nach Geschmack würzen. Den Grillrost mit etwas Öl fetten, die Hühnerschenkel darauflegen und 20–25 Minuten grillen, bis das Fleisch gar ist und der Saft, der beim Hineinstechen aus dem dicksten Teil austritt, klar herausrinnt. Herausnehmen und beiseitestellen.

2. Salzwasser in einem großen Topf zum Kochen bringen. Die Pasta hineingeben, aufkochen und je nach Packungsangabe 8–10 Minuten kochen lassen, bis sie al dente ist. 5 Minuten vor Ende der Kochzeit die Bohnen zufügen.

3. Pasta und Bohnen abgießen, abtropfen lassen und in eine große Schüssel geben. Den Pesto zugeben und gut untermengen, bis Pasta und Bohnen rundum überzogen sind. Beiseitestellen und auskühlen lassen.

4. Wenn die Hühnerschenkel so weit abgekühlt sind, dass sie weiterverarbeitet werden können, die Haut abziehen, Knochen entfernen und das Fleisch in mundgerechte Stücke zerteilen. Unter die Pasta-Bohnen-Mischung mengen und mit Salz und Pfeffer würzen. Beiseitestellen und komplett auskühlen lassen, dann abdecken und bis zum Verzehr in den Kühlschrank stellen. (Abgedeckt kann der Salat 1 Tag im Kühlschrank aufbewahrt werden.)

5. 10 Minuten vor dem Servieren den Salat aus dem Kühlschrank nehmen. Tomatenscheiben auf einer Servierplatte anrichten. Den Salat durchmengen und nach Geschmack etwas mehr Pesto zufügen. Dann den Salat auf den Tomatenscheiben anrichten, mit Basilikumblättern garniert sofort servieren.

FÜR 4 PERSONEN

4 große Hühnerschenkel
Sonnenblumenöl oder Olivenöl, zum Bestreichen
200 g getrocknete Pasta (Trifoli oder Fusilli)
200 g feine grüne Bohnen, gehackt
300 g fertiger Pesto und etwas mehr, falls nötig
2 große Tomaten, in Scheiben geschnitten
Salz und Pfeffer
frische Basilikumblätter, zum Garnieren

Essen an italienischen Feiertagen

Die Feiertage sind wohl für alle Mütter, Großmütter und besonders Urgroßmütter die wunderbarsten Tage des Jahres. Bei uns kommen dann all die kleinen Küken nach Hause zu Mama. Es ist Zeit für den besten Wein, das leckerste Essen, für Lachen und Liebe. Die Tage gehören der Familie, und die Köchin spielt eine wichtige Rolle. Sie möchte mit dem Besten aus ihrer Küche verwöhnen. Ich stecke Herz und Seele in jede der Mahlzeiten, denn es ist die einfachste Art, der Familie meine Zuneigung zu zeigen. An Feiertagen kann ich etwas ganz Besonderes zaubern und meinen Liebsten damit beweisen, wie wichtig sie mir sind.

Zu Weihnachten, Ostern, Silvester und anderen Feiertagen tische ich auf, wofür alle ihre Mama lieben – wunderbare Hausmannskost und süße Naschereien.

Mamas italienisches Weihnachtsfest

Buon Natale! Weihnachten ist in Italien eine wundervolle Zeit – aber es gibt nichts Besseres als Weihnachten bei Mama zu Hause in Apulien!

Zu Weihnachten geht es um die Familie, und ich habe das Glück, die Kinder zu dieser Jahreszeit immer bei mir zu haben – meine Kinder, Enkel und Urenkel, sie alle kommen jedes Jahr. Dann wird gegessen, getrunken und gelacht, wir feiern das Fest und sind dankbar dafür.

Wir haben einige typisch italienische Traditionen. So schreiben zum Beispiel unsere Kinder dem Weihnachtsmann keine Briefe, in denen sie um Geschenke bitten – nein, sie schreiben Briefe an ihre Eltern und sagen ihnen, warum sie sie lieben.

Wenn wir an Weihnachten alle in unserem Haus vereint sind, sitzen wir natürlich vor allem am Esstisch zusammen. Nicht nur zum Weihnachtsessen, sondern zu vielen Mahlzeiten über die Feiertage. Das Weihnachtsessen besteht nicht nur aus einer einzigen großen Mahlzeit, es handelt sich um alle Gerichte, die wir an den Feiertagen genießen. Spaghetti mit Venusmuscheln und Fisch aus dem Backofen werden traditionell am Heiligen Abend gegessen. Den Auberginenauflauf essen wir üblicherweise am Morgen des Weihnachtstages, da wir am späten Vormittag zur Messe gehen und so die Bäuche in der Kirche nicht rumoren!

Es gibt natürlich auch jede Menge Süßes – zu dieser Jahreszeit habe ich kein schlechtes Gewissen, wenn ich alle etwas verwöhne: Panforte, Panettone, Schokoladenkuchen mit Birnen, Honigbällchen, Mandelplätzchen mit Puderzucker – diese Leckereien sind einfach zu machen, köstlich und tragen dazu bei, dass sich alle auf Weihnachten bei Mama freuen!

Petto di tacchino farcito
Gefüllte Putenrolle

1. Den Backofen auf 190 °C vorheizen. Die Putenbrust flach auf einem Küchenbrett ausbreiten und mit Frischhaltefolie abdecken. Mit einem Fleischklopfer flach klopfen, bis sie eine rechteckige Form hat und nicht dicker als 1 cm ist. Die Frischhaltefolie abziehen, das Fleisch mit Salz und Pfeffer würzen und mit Schinkenscheiben belegen, dann beiseitestellen.

2. Für die Füllung Öl in einer großen Pfanne auf mittlerer Stufe erhitzen. Das Wurstbrät hineingeben und 3–5 Minuten braten, bis es gebräunt und gar ist. Mit einem Schaumlöffel aus der Pfanne heben und 1 Esslöffel des Öls in der Pfanne belassen.

3. Die Schalotte in die Pfanne geben und unter Rühren 1–2 Minuten anbraten, bis sie Farbe annimmt. Knoblauch und Chili nach Belieben zufügen und 1 Minute weiterrühren. Semmelbrösel zugeben und mit Salz und Pfeffer würzen. Petersilie und Wurstbrät einrühren.

4. Die Putenbrust mit der nicht belegten Seite nach unten auf eine Arbeitsfläche legen. Der Länge nach einen leichten Schnitt in der Mitte der Putenbrust machen. Die Füllung hineingeben und zu den Seiten hin bis 1 cm vor den Rand des Fleisches verstreichen. Die Paprikastreifen auf der Füllung verteilen. Die Putenbrust aufrollen und binden.

5. Olivenöl in die Pfanne gießen und auf hoher Stufe erhitzen. Die Putenrolle darin 3–5 Minuten braten, bis sie goldbraun ist. In eine Backform legen und im vorgeheizten Ofen 35–40 Minuten braten, bis der Saft beim Hineinstechen klar herausläuft. Herausnehmen, mit Alufolie abdecken 10 Minuten ruhen lassen. In Scheiben geschnitten servieren.

FÜR 4-6 PERSONEN

1,6 kg Putenbrust ohne Knochen, aufgeschnitten und auseinandergeklappt
4-6 Scheiben Parmaschinken
1 EL Olivenöl
Salz und Pfeffer

WURST-PAPRIKA-FÜLLUNG

1 EL Olivenöl, und etwas mehr (bei Bedarf)
200 g scharf gewürztes italienisches Wurstbrät, zerpflückt
1 Schalotte, fein gehackt
2 Knoblauchzehen, gehackt
¼ TL getrocknete Chiliflocken (nach Belieben)
100 g feine Semmelbrösel
2 EL frische fein gehackte glatte Petersilie
2 gegrillte rote Paprika in Olivenöl, abgetropft und in Streifen geschnitten
Salz und Pfeffer

1

4

5

Pesce al forno

Fisch aus dem Backofen

1. Den Backofen auf 220 °C vorheizen und ein Backblech oder eine Backform, die groß genug für Fisch und Kartoffeln ist, einfetten.

2. Kartoffeln, Knoblauch und Zwiebeln auf dem Boden der Backform in einer Schicht anordnen, mit der Hälfte des Öls beträufeln und mit Salz und Pfeffer würzen. Die Form gut mit Alufolie verschließen und im vorgeheizten Ofen 30 Minuten garen, bis die Kartoffeln fast weich sind.

3. Inzwischen auf jeder Seite der Fische drei Einschnitte machen und Salz und Pfeffer hineinreiben. Die Thymianzweige und Zitronenscheiben auf die Einschnitte in den Fischen verteilen, dann beiseitestellen.

4. Die Backofentemperatur auf 190 °C reduzieren. Die Folie von der Backform entfernen und die Oliven unter die Kartoffeln mengen. Die Fische auf den Kartoffeln anrichten, das restliche Öl darüberträufeln, in den Ofen schieben und backen, bis der Fisch gar ist, man rechnet 10 Minuten pro 2,5 cm Dicke des Fisches.

5. Die Backform aus dem Ofen nehmen. Den Fisch häuten, filetieren und auf vier vorgewärmte Teller verteilen. Dazu Kartoffeln, Zwiebeln und Oliven servieren sowie Zitronenspalten zum Ausdrücken.

Mamas kleiner Tipp:
Dieses Gericht wurde in Italien für den Heiligen Abend kreiert, als die Leute zur Mitternachtsmesse gingen und vorher kein schweres Essen zu sich nehmen wollten. Es kann leicht adaptiert für mehr Personen zubereitet werden, wenn man die Zutaten multipliziert und zwei Backformen benutzt.

FÜR 4 PERSONEN

500 g fest kochende Kartoffeln, in dünne Scheiben geschnitten
1 große Knoblauchzehe, sehr fein gehackt
2 Zwiebeln, in feine Ringe geschnitten
2 EL Olivenöl, plus etwas mehr zum Einfetten
2 ganze Zackenbarsche (oder Goldbarsche, Seelachse oder Red Snapper), insgesamt etwa 400 g, ohne Köpfe, entschuppt und gut abgespült
4 frische Thymianzweige
½ Zitrone, in Scheiben geschnitten
150 g schwarze Oliven, entsteint und in Scheiben geschnitten
Salz und Pfeffer
Zitronenspalten, zum Servieren

2

3

4

Spaghetti alle vongole

Spaghetti mit Venusmuscheln

FÜR 4 PERSONEN

1 kg kleine lebende Venusmuscheln, gebürstet
350 g getrocknete Spaghetti
125 ml Olivenöl
4 Knoblauchzehen, gehackt
125 ml trockener Weißwein
4 EL frisch gehackte glatte Petersilie
Salz und Pfeffer

1. Muscheln mit beschädigten Schalen und solche, die sich nicht schließen, wenn man dagegenklopft, aussortieren. Die restlichen Muscheln beiseitestellen.

2. Stark gesalzenes Wasser in einem großen Topf zum Kochen bringen. Die Spaghetti hineingeben und 2 Minuten weniger als auf der Packung angegeben kochen. Die Pasta im Kochwasser beiseitestellen.

3. Inzwischen das Öl in einer großen tiefen Pfanne auf mittlerer Stufe erhitzen. Den Knoblauch hineingeben und 1 Minute unter Rühren braten, bis er goldgelb, aber nicht braun ist.

4. Die Herdplatte auf höchste Stufe stellen, den Wein in die Pfanne gießen und 2 Minuten kochen lassen oder bis er auf die Hälfte reduziert ist. Die Venusmuscheln hineingeben und 2–3 Minuten garen, bis sie sich öffnen. Nicht geöffnete Muscheln entfernen.

5. 250 ml des Pasta-Kochwassers in die Pfanne zu den Muscheln gießen. Mit einem Pastalöffel oder einer Zange die Spaghetti in die Pfanne heben und unter ständigem Rühren weitere 2 Minuten kochen, bis sie al dente sind.

6. Mit Salz und Pfeffer würzen. Die Petersilie unterrühren und sofort servieren.

Melanzane alla parmigiana

Auberginenauflauf

FÜR 6-8 PERSONEN

Olivenöl, zum Einfetten und Bestreichen
3 Auberginen, in feinen Scheiben
300 g Mozzarella, in Scheiben
115 g geriebener Parmesan
3 EL feine Semmelbrösel
15 g weiche Butter

TOMATEN-BASILIKUM-SAUCE

2 EL Olivenöl
4 Schalotten, fein gehackt
2 Knoblauchzehen, fein gehackt
400 g Eiertomaten aus der Dose
1 TL Zucker
8 frische Blätter Basilikum, zerzupft
Salz und Pfeffer

1. Den Backofen auf 200 °C vorheizen. Eine Auflaufform und zwei große Backbleche einfetten.

2. Die Auberginenscheiben nebeneinander auf den Backblechen anordnen, dann mit Öl bestreichen. 20 Minuten im Ofen backen, bis sie weich sind.

3. Inzwischen für die Sauce das Öl in einem Topf erhitzen, die Schalotten zugeben und 5 Minuten dünsten, bis sie weich sind. Den Knoblauch dazugeben und 1 Minute mitdünsten.

4. Die Tomaten dazugeben und zerstoßen. Den Zucker untermischen, salzen und pfeffern. Aufkochen, die Hitze reduzieren und 10 Minuten köcheln lassen. Das Basilikum untermischen.

5. Die Hälfte der Auberginen in die Auflaufform legen. Mit der Hälfte des Mozzarellas bedecken, darüber die Hälfte der Tomatensauce verteilen und mit der Hälfte des Parmesans bestreuen. Die zweite Hälfte des Parmesans mit den Semmelbröseln vermischen. Die Schichten wiederholen und mit der Semmelbrösel-Mischung abschließen. Die Butter darüberträufeln und 25 Minuten im Ofen goldbraun backen. Vor dem Servieren 5 Minuten ruhen lassen.

Cime di rapa strascinate

Stängelkohl in Sardellensauce

FÜR 4-6 PERSONEN

900 g italienischer Stängelkohl (Cime di rapa)
2 EL Olivenöl
30 g Sardellenfilets in Olivenöl, abgetropft und gehackt, plus 2 Sardellenfilets zum Garnieren
4 große Knoblauchzehen, in dünne Scheiben geschnitten
2 Schalotten, fein gehackt
½ TL getrocknete Chiliflocken (nach Belieben)
Salz und Pfeffer

1. Salzwasser in einem großen Topf zum Kochen bringen. Inzwischen die harten Enden und welken Blätter vom Kohl entfernen. Die dünnen Stängel mit Blättern von den dicken Blättern mit Blütenstand trennen. Mehrfach in kaltem Wasser waschen.

2. Die dicken Stängel in das kochende Wasser geben und 2 Minuten kochen, dann die dünnen Stängel zugeben und weitere 6–8 Minuten köcheln, bis alle Stängel weich sind. Abgießen und beiseitestellen.

3. Das Öl in einer großen Pfanne auf mittlerer bis hoher Stufe erhitzen. Gehackte Sardellen, Knoblauch, Schalotten und Chili hineingeben und 2–4 Minuten dünsten, dabei ständig rühren und die Sardellen zerdrücken. Die Schalotten sollten weich sein, der Knoblauch darf nicht bräunen.

4. Den Stängelkohl in die Pfanne geben und mit der Sardellensauce vermengen, nach Belieben mit Salz und Pfeffer würzen. 2–3 Minuten unter Rühren garen, bis der Kohl heiß ist. Dann auf eine Servierplatte geben und das Öl aus der Pfanne darüber verteilen. Die zusätzlichen Sardellenfilets der Länge nach halbieren und auf den Kohl legen.

Torta di cioccolata e pere

Schokoladenkuchen mit Birnen

1. Den Backofen auf 180 °C vorheizen. Eine runde Springform von 20 cm Ø einfetten und mit Backpapier auslegen.

2. Die Butter in einem kleinen Topf zerlassen, dann beiseitestellen. Die Birnen schälen und vierteln, das Kerngehäuse entfernen. Die Birnen mit Zitronensaft beträufeln und beiseitestellen.

3. Eier und Zucker in einer Schüssel mit dem elektrischen Handrührgerät 4–5 Minuten verquirlen, bis eine schaumige Mischung entsteht. Das Vanillearoma einarbeiten.

4. Mehl, Kakaopulver und Backpulver hineinsieben. Mit einem großen metallenen Löffel die Mehlmischung leicht und schnell unterheben. Die zerlassene Butter langsam am Rand der Schüssel entlang zugießen und vorsichtig untermischen, dann die Haselnüsse untermengen.

FÜR 8 PERSONEN

75 g Butter und etwas Butter zum Einfetten
2 Conference-Birnen
1 EL Zitronensaft
2 große Eier
115 g feiner Zucker
½ TL Vanillearoma
90 g Mehl
4 EL dunkles Kakaopulver
¾ TL Backpulver
75 g blanchierte Haselnüsse, geröstet und gehackt
Puderzucker, zum Verzieren
Mascarpone, zum Servieren

5. Den Teig in die Springform gießen. Die Birnen mit der Kernseite nach unten kreisförmig darauf anordnen.

6. Im vorgeheizten Ofen 35–40 Minuten backen, bis der Kuchen bei Berührung fest ist und beim Hineinstechen kein Teig kleben bleibt. 5 Minuten in der Backform auf einem Kuchengitter abkühlen lassen. Die Springform öffnen, die Wand abnehmen und den Kuchen auf dem Kuchengitter komplett auskühlen lassen.

7. Kurz vor dem Servieren großzügig mit Puderzucker bestreuen. In Stücke schneiden und mit Mascarpone servieren.

Panettone

Panettone

FÜR 8 PERSONEN

10 Kardamomkapseln
15 g Butter, plus etwas mehr zum Einfetten
300 g Mehl, plus etwas mehr zum Bestäuben
2 EL feiner Zucker
½ TL Trockenbackhefe
1 TL Salz
abgeriebene Schale von 1 Zitrone
1 TL Vanillearoma
150 ml Milch
2 Eigelb
55 g Orangeat-Zitronat-Mix, gehackt
115 g Rosinen

1. Eine runde Kuchenform von 18 cm Ø einfetten. Die Kardamomkapseln im Mörser leicht zerstoßen, die Hülsen entfernen und die Samen zu Pulver zerstoßen.

2. In einer großen Schüssel die Butter ins Mehl einarbeiten, dann Zucker, Hefe, Salz und Kardamompulver hinzugeben. Gut vermischen. Zitronenschale, Vanillearoma, Milch und Eigelb zugeben und mit einem Holzlöffel rühren, bis ein weicher Teig entsteht.

3. Den Teig auf der bemehlten Arbeitsplatte 10 Minuten kneten. In die Schüssel geben, mit Frischhaltefolie abdecken und an einem warmen Ort 2 Stunden gehen lassen, bis sich das Volumen verdoppelt hat.

4. Den Teig auf der bemehlten Arbeitsfläche kneten. Orangeat-Zitronat-Mix und Rosinen untermischen. Den Teig in die Backform geben und mit Frischhaltefolie abdecken. An einem warmen Ort 2 Stunden gehen lassen, bis sich das Volumen verdoppelt hat.

5. Den Backofen auf 150 °C vorheizen. Die Frischhaltefolie von der Form entfernen und 1 Stunde im Ofen goldbraun backen. In der Form 20 Minuten auskühlen lassen, dann auf einem Kuchengitter vollständig abkühlen lassen.

Panforte di Siena

Nuss-Gewürzkuchen aus Siena

1. Den Backofen auf 180 °C vorheizen. Eine runde Springform von 20 cm Ø mit Backpapier auslegen.

2. Die Haselnüsse auf ein Backblech ausbreiten und im vorgeheizten Ofen 10 Minuten rösten, bis sie goldbraun sind. Auf ein Geschirrtuch geben und damit die Haut abreiben.

3. In der Zwischenzeit die Mandeln auf ein Backblech geben und 10 Minuten im Backofen rösten, bis sie goldgelb sind. Vorsichtig überwachen, da Mandeln leicht verbrennen können.

4. Die Ofentemperatur auf 150 °C herunterstellen. Alle Nüsse hacken und in eine große Schüssel füllen. Orangeat-Zitronat-Mix, Aprikosen, Ananas und Orangenschale zu den Nüssen geben und gut vermengen.

5. Mehl, Kakao, Zimt, Koriander, Muskatnuss und Nelken in die Schüssel sieben und gut vermengen.

6. Zucker und Honig in einen Topf geben und auf kleiner Temperatur erhitzen, dabei ständig rühren, bis der Zucker aufgelöst ist. Aufkochen und weitere 5 Minuten kochen lassen, bis er andickt und dunkel wird. Die Nussmischung in den Topf rühren und vom Herd nehmen.

7. Die Mischung in die vorbereitete Springform löffeln und die Oberfläche glatt streichen. Im vorgeheizten Ofen 1 Stunde backen, dann auf ein Kuchengitter stellen und abkühlen lassen. Wenn der Kuchen kalt ist, vorsichtig aus der Form lösen und das Backpapier abziehen.

8. Vor dem Servieren Puderzucker über den Kuchen sieben und in dünne Stücke schneiden.

FÜR 14 PERSONEN

115 g Haselnüsse
115 g Mandeln
85 g Orangeat-Zitronat-Mix, gehackt
55 g getrocknete Aprikosen, fein gehackt
55 g kandierte Ananas, fein gehackt
abgeriebene Schale von 1 Orange
55 g Mehl
2 EL Kakaopulver
1 TL gemahlener Zimt
¼ TL gemahlener Koriander
¼ TL frisch gemahlene Muskatnuss
¼ TL gemahlene Nelken
115 g feiner Zucker
175 g klarer Honig
Puderzucker, zum Bestäuben

Mamas kleiner Tipp:
Panforte ist ein traditionelles weihnachtliches Dessert aus Siena in der Toskana und stammt aus dem 13. Jahrhundert.

Struffoli

Weihnachtshonigbällchen

1. Mehl und Salz in eine große Schüssel sieben und eine Mulde in die Mitte drücken. Eier, Butter, Limoncello und Zitronenschale in die Mulde füllen und alle Zutaten mit den Händen vermengen.

2. Den Teig auf einer leicht bemehlten Arbeitsfläche ausrollen und etwa 5 Minuten kneten, bis er fest und glatt ist. Zu einer Kugel formen, in Frischhaltefolie wickeln und mindestens 30 Minuten ruhen lassen.

3. Den Teig in acht gleich große Stücke teilen. Je eine Portion Teig verarbeiten und die restlichen bedeckt halten. Auf einer leicht bemehlten Arbeitsfläche eine Portion Teig zu einer etwa 5 mm dicken und 60 cm langen Rolle formen. In etwa 8 mm lange Stücke schneiden und jeweils zu einem kleinen Bällchen, wenig größer als eine Haselnuss, rollen. Die Teigbällchen beiseitestellen und mit dem restlichen Teig fortfahren.

4. In einem Topf auf hoher Stufe Öl zum Ausbacken auf 180–190 °C erhitzen, ein Brotwürfel sollte in 30 Sekunden darin braun werden. So viele Teigbällchen hineingeben, wie gut Platz haben, und 2½–3½ Minuten ausbacken, bis sie goldgelb, aber nicht braun sind. Die Teigbällchen mit einem Schaumlöffel auf ein mit Küchenpapier ausgelegtes Blech heben. Die Öltemperatur kontrollieren und alle Bällchen frittieren.

5. Den Honig in einem breiten Topf verflüssigen. Die Teigbällchen darin wenden. Zunächst Orangeat und Zitronat, dann die Hälfte der Liebesperlen und alle Dragees untermengen. Auf eine Servierplatte geben, die restlichen Liebesperlen darüberstreuen und servieren.

FÜR 4 PERSONEN

300 g Mehl und etwas Mehl zum Bestäuben
1 Prise Salz
3 Eier, verquirlt
40 g weiche Butter, gewürfelt
1½ EL Limoncello, trockener Weißwein oder Orangensaft
fein abgeriebene Schale von 2 Zitronen
Olivenöl oder Sonnenblumenöl, zum Ausbacken
175 g klarer Honig
4 EL fein gehackter Orangeat-Zitronat-Mix
2 EL Liebesperlen
1 EL Gold- oder Silber-Dragees

Ricciarelli

Mandelplätzchen mit Puderzucker

1. Den Backofen auf 150 °C vorheizen. Ein großes Backblech mit Backpapier auslegen. Die Hälfte des Puderzuckers in eine kleine Schüssel sieben und beiseitestellen.

2. Restlichen Puderzucker, gemahlene Mandeln, gehackte Mandeln und Zucker in eine große Schüssel geben und verrühren. Mehl und Backpulver hineinsieben und einrühren.

3. In einer separaten Schüssel das Eiweiß steif schlagen. Mandelaroma und Weinsteinbackpulver zufügen und unterschlagen. 2 Esslöffel des Eischnees unter die Mandelmischung rühren, dann den restlichen Eischnee vorsichtig unterheben.

4. Mit einem Esslöffel etwas Eischnee-Mandel-Mischung abheben und mit einem zweiten Esslöffel eiförmig abziehen. Alternativ kann die

ERGIBT 22–24 STÜCK

200 g Puderzucker
200 g gemahlene Mandeln
55 g blanchierte Mandeln, gehackt
30 g feiner Zucker
55 g Mehl
1 TL Backpulver
5 Eiweiß
¼ TL Mandelaroma
¼ TL Weinsteinbackpulver

Mischung auch mit der Hand zu walnussgroßen Bällchen geformt werden. Vorsichtig in die Schüssel mit Puderzucker legen und rollen, bis die Mischung von allen Seiten mit Puderzucker behaftet ist.

5. Vorsichtig in der Hand nachformen und überschüssigen Puderzucker abschütteln. Auf das vorbereitete Backblech legen und den restlichen Teig aufbrauchen. Verbleibenden Puderzucker beiseitestellen.

6. Im vorgeheizten Ofen 15–20 Minuten backen, bis der Teig gesetzt und goldbraun ist. 2 Minuten auf dem Backblech auskühlen lassen, dann die Plätzchen auf ein Kuchengitter legen, vollkommen auskühlen lassen und den restlichen Puderzucker darüberstreuen. Sofort servieren oder in einem luftdichten Behälter bis zu 5 Tage aufbewahren.

Festtage feiern – ganz italienisch!

In Italien nehmen wir die Festtage ernst. In Apulien nehmen wir sie noch ernster, wir wollen sichergehen, dass wir nicht nur viel lachen und Freude haben, sondern dass wir auch das beste Essen auf den Tisch bringen!

Silvester

Am Silvesterabend, unserer Festa di San Silvestro, kommt die ganze Familie zu einem großen Essen zusammen. Was, so bald nach Weihnachten?, fragen Sie? Na, es ist dann schon eine ganze Woche vergangen! Wir essen immer ein Linsengericht – Linsen symbolisieren Geld und Glück für das neue Jahr. Und danach gibt es Feuerwerk, Musik und Tanz!

Ostern

Nach Weihnachten wird auch Ostern in Italien groß gefeiert. Es gibt das Sprichwort ‚Natale con i tuoi, Pasqua con chi vuoi' – Weihnachten mit der Familie, Ostern mit deinen Freunden. Was das für mich bedeutet? Nun, zu Ostern kommen Familie und Freunde! Mein wunderbares Osterlamm und mein Florentiner Osterkuchen sind allseits beliebt.

Karneval

Wie bereiten sich die Italiener auf die Fastenzeit vor? Mit Wochen voller Partys und Genuss natürlich. Die Karnevalszeit beginnt am 6. Januar, dem Fest der Heiligen Drei Könige, und dauert bis zum Beginn der Fastenzeit. In ganz Italien gibt es Partys, Umzüge und wunderbare Festessen. Apulien ist zu dieser Zeit bekannt für seine Cenci.

Valentinstag

Das wundervolle Fest der Liebe gibt es schon seit den Zeiten des Römischen Reiches, doch im heutigen Italien wird die einstige Romantik des Tages durch eine neue Tradition verdrängt: Man kocht füreinander. Es gibt keine Karten, keine Blumen, sondern man tut etwas Besonderes. Dies ist der einzige Tag im Jahr, an dem Alberto für mich kochen darf!

Lenticchie San Silvestro

Silvester-Linsen

FÜR 4 PERSONEN

200 g Puy-Linsen
2 EL Olivenöl
2 Selleriestangen, gehackt
2 Porreestangen, in Ringe geschnitten
1 Knoblauchzehe, zerdrückt
50 g sonnengetrocknete Tomaten, gehackt
2 EL frisch gehackter Salbei
1 EL frisch gehackter Rosmarin
500 ml Gemüsebrühe
280 g Artischockenherzen aus dem Glas, abgetropft
Salz und Pfeffer

1. Die Linsen in einen Topf geben und mit reichlich kochendem Wasser übergießen. Zum Kochen bringen und danach weitere 10 Minuten kochen lassen. Abgießen und beiseitestellen.

2. Das Öl auf mittlerer Stufe in einer Pfanne erhitzen, darin Sellerie und Porree 2–3 Minuten anbraten, bis sie weich, aber nicht braun sind. Knoblauch, sonnengetrocknete Tomaten, Salbei und Rosmarin unterrühren.

3. Gekochte Linsen und Brühe zufügen, mit Salz und Pfeffer würzen und zum Kochen bringen. Die Hitze reduzieren, den Topf abdecken und 25–30 Minuten köcheln lassen, bis die Linsen weich sind.

4. Die Artischocken untermengen und 2–3 Minuten sanft köcheln lassen. Sofort servieren.

Agnello di Pasqua

Osterlamm

FÜR 6 PERSONEN

1,8 kg Lammkeule
2 Knoblauchzehen, in Scheiben geschnitten
2 EL Rosmarinnadeln
8 EL Olivenöl
1 kg Kartoffeln, in 2,5 cm Würfel geschnitten
6 frische Salbeiblätter, gehackt
150 ml Marsala
Salz und Pfeffer

1. Den Backofen auf 220 °C vorheizen. Mit einem kleinen Messer die Lammkeule rundherum einritzen, mit Knoblauchscheiben und der Hälfte der Rosmarinnadeln spicken.

2. Die Lammkeule auf ein Backblech legen und die Hälfte des Olivenöls darüber verteilen. 15 Minuten im Ofen braten.

3. Die Ofentemperatur auf 180 °C reduzieren. Das Lamm aus dem Ofen nehmen und salzen und pfeffern. Die Lammkeule umdrehen und 1 Stunde weiterbraten.

4. Die Kartoffeln auf ein separates Backblech legen und mit dem restlichen Olivenöl vermengen. Mit restlichem Rosmarin und Salbei bestreuen. Das Backblech mit den Kartoffeln zur Lammkeule in den Ofen schieben und 40 Minuten rösten.

5. Das Lamm aus dem Ofen nehmen, umdrehen und den Marsala über das Fleisch gießen. Zurück in den Ofen schieben und weitere 15 Minuten oder nach Wunsch garen.

6. Die Lammkeule auf ein Schneidebrett legen und mit Aluminiumfolie abdecken. Die Kartoffeln aus dem Ofen nehmen und beiseitestellen. Den Bratensaft in einen Topf gießen, auf hoher Temperatur zum Kochen bringen und einkochen, bis die Sauce eindickt. Das Lamm in Scheiben schneiden und mit Kartoffeln und Bratensauce servieren.

Schiacciata

Florentiner Osterkuchen

1. Eine 25 x 15 cm große Backform mit Schmalz einfetten. Mehl, Zucker, Hefe, Salz und Orangenschale in einer großen Schüssel vermischen. Schmalz oder Butter zufügen und einarbeiten, bis die Mischung flockig wird. Eine Mulde in die Mitte drücken, Orangensaft, Eigelb und Wasser hineingießen und vermengen, bis ein weicher, klebriger Teig entsteht. Langsam etwas Wasser zugießen, falls der Teig zu fest ist.

2. Den Teig auf die bemehlte Arbeitsplatte legen und 10 Minuten kneten, bis Schmalz oder Butter vollkommen gleichmäßig eingearbeitet sind und der Teig glatt ist. Die Schüssel auswaschen und mit Schmalz einfetten.

3. Den Teig zu einer Kugel formen, in der Schüssel wälzen und mit Frischhaltefolie abdecken. An einer warmen Stelle bis zu 2 Stunden gehen lassen, bis sich das Volumen verdoppelt hat.

FÜR 12 PERSONEN

425 g Mehl, plus etwas mehr zum Bestäuben
55 g feiner Zucker
7 g Trockenbackhefe
1 Prise Salz
fein abgeriebene Schale von 2 Orangen
55 g Schmalz oder Butter, in Würfel geschnitten, plus etwas mehr zum Einfetten
3 EL frisch gepresster Orangensaft
2 Eigelb, verquirlt
175–225 ml warmes Wasser, 46 °C warm
Puderzucker, zum Garnieren (nach Belieben)

4. Den Teig auf eine Arbeitsfläche legen und leicht kneten, dann in die vorbereitete Form pressen. Mit eingefetteter Frischhaltefolie abdecken und den Teig flach und eben drücken, bis er 1 cm dick ist. Dann weitere 20 Minuten gehen lassen. Den Backofen auf 190 °C vorheizen.

5. Die Frischhaltefolie entfernen und den Kuchen im vorgeheizten Ofen 30–35 Minuten backen, bis er goldgelb, etwa 2,5 cm hoch gebacken ist und sich von der Backform löst. Auf ein Kuchengitter setzen und großzügig mit Puderzucker bestäuben. Den Kuchen in der Backform komplett auskühlen lassen.

6. In 12 viereckige Stücke schneiden und servieren.

Chiacchiere

Beschwipste Ricottakrapfen

ERGIBT 24 STÜCK

300 g Ricotta
2 Eier, verquirlt
3 EL Brandy oder Rum
1½ EL feiner Zucker
1¼ EL Backpulver
1 TL fein abgeriebene Zitronenschale
1 TL fein abgeriebene Orangenschale
1 Prise Salz
175 g Mehl
Sonnenblumenöl zum Ausbacken, plus etwas mehr zum Einfetten
Puderzucker, zum Garnieren

1. Ricotta, Eier, Brandy, Zucker, Backpulver, Zitronen- und Orangenschale sowie Salz in eine Schüssel geben und gut verrühren. Das Mehl hineinsieben und unterrühren. Die Schüssel mit Frischhaltefolie abdecken und für mindestens 1 Stunde in den Kühlschrank stellen.

2. Öl in einem Topf auf 180–190 °C erhitzen, ein Brotwürfel sollte in 30 Sekunden darin braun werden. Den Backofen auf 150 °C vorheizen.

3. Einen großen Löffel mit Öl einfetten, dann damit löffelgroße Portionen des Teiges in das heiße Öl geben, die Krapfen sollten darin frei schwimmen können. 3–5 Minuten ausbacken, dabei einmal vorsichtig wenden, bis die Ricottakrapfen an die Oberfläche steigen und braun werden.

4. Die Krapfen mit einem Schaumlöffel aus dem Öl heben und auf Küchenpapier abtropfen lassen. Dann auf einen hitzebeständigen Teller legen und im Backofen warm halten, während der restliche Teig verarbeitet wird. Das Öl wieder aufheizen und den Löffel nochmals mit Öl einfetten. Wenn der gesamte Teig verarbeitet ist, die Krapfen mit Puderzucker bestreuen und sofort servieren.

Cenci

Beschwipste Karnevalskrapfen

1. Sultaninen, Orangeat-Zitronat-Mix, Grappa und Zitronenschale in einer Schüssel 1 Stunde ziehen lassen. Mehl, Zucker und Hefe in eine Schüssel geben und das Ei mit genügend Milch einrühren, um einen dicken Teig zu erhalten. Sultaninenmischung und Pinienkerne unterrühren. Abdecken und an einer warmen Stelle 3 Stunden gehen lassen, bis das Volumen sich verdoppelt hat.

2. Öl in einem Topf auf 180–190 °C erhitzen, ein Brotwürfel sollte in 30 Sekunden darin bräunen. Den Backofen auf 150 °C vorheizen.

3. Einen großen Löffel mit Öl einfetten und damit löffelgroße Portionen des Teiges in das heiße Öl geben. 3–5 Minuten ausbacken, dabei einmal wenden, bis die Krapfen an die Oberfläche steigen und braun werden. Mit einem Schaumlöffel aus dem Öl heben und auf Küchenpapier abtropfen. Dann auf einen hitzebeständigen Teller legen und im Backofen warm halten, während der restliche Teig verarbeitet wird. Das Öl wieder aufheizen und den Löffel nochmals mit Öl einfetten. Die Krapfen mit Puderzucker bestreuen und sofort servieren.

ERGIBT 24 STÜCK

- 100 g Sultaninen
- 75 g Orangeat-Zitronat-Mix, gehackt
- 3 EL Grappa oder Rum
- fein abgeriebene Schale von 1 Zitrone
- 400 g Mehl
- 55 g feiner Zucker
- 7 g Trockenbackhefe
- 1 kleines Ei, verquirlt
- 250 ml lauwarme Milch
- 40 g Pinienkerne
- Sonnenblumenöl, zum Ausbacken, plus etwas mehr zum Einfetten
- Puderzucker, zum Bestäuben

Nachspeisen & Eis

Ich habe einmal gehört, wie jemand sagte: „Lass das Publikum immer auf etwas mehr warten." Wie bitte? So etwas sagt doch nur ein Narr. Ich lasse nie jemanden auf mehr warten! Ich war immer stolz darauf, dass niemand je von meinem Tisch aufgestanden ist, ohne rundum zufrieden zu sein. Wenn Sie erst einmal in die Geheimnisse meiner himmlischen Nachspeisen und Eiscremes eingeweiht sind, wird es Ihnen genauso gehen! Viele Köche denken an die Nachspeise erst nach dem Essen: Man könnte sie ja dann noch schnell zubereiten, falls Platz bleibt.

Nicht so in Italien! Bei uns ist die Nachspeise ein kleines Kunstwerk für sich, wir widmen ihr genauso viel Aufmerksamkeit und Zeit wie allen anderen Gängen, die wir auf den Tisch bringen. Denken Sie nur an Biscotti, Zabaglione, Tiramisu, Panna cotta … niemand soll je sagen, er hätte meinen Tisch verlassen und noch mehr davon gewollt!

Gelato di lampone

Himbeereiscreme

1. Alle Himbeeren aussortieren, die nicht perfekt oder nicht ganz frisch sind. Dann die guten in eine Schüssel geben.

2. Die Himbeeren mit dem Stabmixer oder in der Küchenmaschine pürieren, anschließend durch ein Haarsieb pressen und beiseitestellen.

3. Milch und Zucker in einem Topf auf mittlerer Stufe erhitzen, dabei ständig rühren, bis der Zucker aufgelöst ist. Die Speisestärke in einer kleinen Schüssel mit 4 Esslöffeln warmer Milch verrühren.

4. Die aufgelöste Speisestärke in den Milchtopf geben, die Hitze erhöhen und 6–8 Minuten weiterrühren, bis die Milch andickt, dabei immer unter dem Siedepunkt bleiben. Sollten noch Klumpen vorhanden sein, die Mischung durch ein Sieb streichen.

ERGIBT ETWA 500 g

360 g frische Himbeeren
350 ml Milch
55 g Zucker
4½ TL Speisestärke

5. Die Mischung in eine Schüssel gießen, das Himbeerpüree unterrühren und erkalten lassen. In eine tiefkühlfeste Schüssel füllen und in den Gefrierschrank stellen. Während des Einfrierens nicht umrühren.

6. 20 Minuten vor dem Verzehr in den Kühlschrank stellen, damit die Eiscreme etwas weich wird. In kleinen Schüsseln servieren, bevor sie zu weich wird.

Mamas kleiner Tipp:
Alle meine Tipps und Tricks für die beste Eiscreme finden Sie auf den Seiten 194 und 195.

Tartufo

Schokoeistörtchen

1. Vier tiefkühlfeste Schalen mit 150 ml Fassungsvermögen in den Gefrierschrank stellen.

2. Das Schokoladeneis in eine große Schüssel geben und stehen lassen, bis es gerade anfängt, weich zu werden. Dann die Schokoladendrops untermengen. Die kleinen Schalen aus dem Gefrierschrank nehmen und die Eiscreme darauf aufteilen. Auf jede Schale eine Kirsche legen und alles glatt streichen. Für mindestens 2 Stunden tiefkühlen, bis das Eis fest ist.

3. Wasser in einem kleinen Topf zum Kochen bringen. Die kleinen Schalen aus dem Gefrierschrank nehmen und jede einzeln 5–10 Sekunden in das Wasser tauchen, bis es aussieht, als ob die Eiscreme am Rand weich wird. Die Schale auf einen Teller stürzen, fest schütteln, dann sollte sich das Eis lösen, falls nicht, weitere 5 Sekunden in das heiße Wasser halten.

4. Auf jede Eiscreme ein Viertel der Schokoladenstreusel streuen und mit einem Messer verteilen, sodass die Streusel rundum anhaften.

5. Falls nicht sofort serviert wird, die Schale wieder über die bestreute Eiscreme stülpen und den Teller stürzen. Die Schale mit Frischhaltefolie abdecken und in den Gefrierschrank stellen.

6. Vor dem Servieren jedes Tartufo auf einen Dessertteller legen und 5–10 Minuten weich werden lassen. Schoko-Fans können kurz vor dem Servieren noch etwas Schokoladensauce darübergeben.

ERGIBT 4 PORTIONEN

600 g Schokoladeneiscreme
100 g dunkle Schokoladendrops, gehackt, falls sie groß sind, oder dunkle Schokolade, gehackt
4 Amarenakirschen
80 g Schokoladenstreusel
1 Portion Schokoladensauce (s.S. 198), zum Servieren (nach Belieben)

Mamas kleiner Tipp:
Aufpassen, dass das Schokoladeneis unter Punkt 2 nicht allzu weich wird, sonst sinken die Schokoladendrops alle auf den Boden der Schüssel.

Mamas selbst gemachtes Eis

Italienische Eiscreme ist berühmt, weil sie cremig ist und auf der Zunge zergeht. Meine Eiscreme? Noch berühmter!

Im Norden Italiens wird Eiscreme mit einer Eier-Vanille-Creme und Sahne gemacht, doch in Apulien bereiten wir sie ohne Sahne und Eier zu.

Die Hauptzutaten für unser traditionelles Eis sind Vollmilch, Zucker und Speisestärke, dazu kommt das jeweils gewünschte Aroma. Diese Art Eiscreme enthält weniger Butterfett als Sahneeis und ermöglicht so vor allem frischen Früchten und Fruchtpürees, ihren vollen Geschmack zu entfalten.

Authentische Eiscreme selbst zu machen ist einfach, es geht schnell, und auch ohne Eismaschine wird sie köstlich cremig. Es ist auch nicht nötig, die Eiscreme während des Gefrierens umzurühren!

Ich habe zwei Tipps, die den Erfolg sicherstellen sollten. Lassen Sie die Milch niemals kochen, sonst dickt die Mischung nicht an. Sie sollten auch immer einige Esslöffel der heißen Milch mit der Speisestärke verrühren, bevor sie ganz in den Milchtopf gegeben wird, damit sich keine Klumpen bilden. Sollten sich dennoch Klumpen bilden, rühren Sie die Mischung beständig mit dem Schneebesen, während sie erhitzt wird. Wenn sich die Klumpen dabei nicht auflösen, filtern Sie die Milch durch ein Sieb, bevor Früchte oder andere Aromen zugegeben werden. Danach müssen Sie die Eiscrememischung nur noch abkühlen lassen und gut durchrühren, bevor sie in den Gefrierschrank gestellt wird.

Die Konsistenz meiner traditionellen Eiscreme ist am besten, wenn das Eis innerhalb von 3 Tagen gegessen wird. Etwa 20 Minuten vor dem Verzehr sollte die Eiscreme aus dem Gefrierschrank in den Kühlschrank gestellt werden, damit sie weich wird. In Italien mögen wir unsere Eiscreme gern etwas weicher.

Sorbetto di prosecco alle uve

Prosecco-Sorbet mit Weintrauben

FÜR 4 PERSONEN

150 g Zucker
150 ml Wasser
1 feiner Zitronenschalenstreifen
Saft von 1 Zitrone
350 ml Prosecco
halbierte Weintrauben und
frische Minze, zum Garnieren

1. Zucker und Wasser mit Zitronenschalenstreifen in einen Topf geben.
2. Auf kleiner Stufe unter ständigem Rühren erhitzen, bis der Zucker aufgelöst ist, dann 2–3 Minuten kochen, bis die Flüssigkeit auf die Hälfte reduziert ist.
3. Abkühlen lassen und den Zitronenschalenstreifen entfernen.
4. Den Zuckersirup mit Zitronensaft und Prosecco zusammengießen, dann in einer Eismaschine nach Bedienungsanleitung rühren.
5. Alternativ kann die Mischung auch in einen tiefkühlfesten Behälter gegeben und tiefgefroren werden, dabei einmal pro Stunde durchrühren, bis sie gefroren ist.
6. Vor dem Servieren aus dem Kühlschrank nehmen und bei Raumtemperatur leicht weich werden lassen, dann in Dessertgläser füllen.
7. Mit halbierten Weintrauben und Minze garnieren.

Cassata

Sizilianische Eiscremetorte

1. Den Ricotta mit einem Holzlöffel durch ein Sieb streichen.

2. Puderzucker und Orangenblütenwasser unterschlagen, bis die Mischung glatt ist.

3. Die Sahne steif schlagen und vorsichtig unter die Ricottamischung heben.

4. Die Mischung in eine Eismaschine geben und nach Bedienungsanleitung rühren lassen. Alternativ in einen gefrierfesten Behälter geben und offen in den Gefrierschrank stellen, bis sie leicht angefroren ist.

5. Orangeat-Zitronat-Mix, kandierte Engelwurz, Cocktailkirschen, Schokolade und Pistazien unterheben.

6. Die Eismischung in eine Eisbombenform oder Puddingform mit 1,2 Liter Fassungsvermögen geben und einfrieren, bis sie fest ist. Vor dem Herauslösen 10–15 Minuten bei Zimmertemperatur stehen lassen.

7. Die Eiscreme in keilförmige Stücke schneiden und auf Desserttellern mit kandierten Früchten servieren.

FÜR 6–8 PERSONEN

400 g Ricotta
175 g Puderzucker
1 TL Orangenblütenwasser
200 g Schlagsahne
100 g Orangeat-Zitronat-Mix, gehackt
55 g kandierte Engelwurz, gehackt
55 g kandierte Kirschen, gehackt
40 g dunkle Schokolade, gehackt
40 g Pistazien, gehackt
kandierte Früchte, zum Garnieren

Gelato di pistacchi

Pistazieneis

1. Den Backofen auf 180 °C vorheizen. Wasser in einem Topf zum Kochen bringen. Die Pistazien hineingeben und 30 Sekunden kochen. Abgießen, abtropfen lassen, dann die Haut abschälen. Die Pistazien auf ein Backblech geben und 5 Minuten im Ofen rösten. Dann in eine Schüssel für den Stabmixer oder in die Küchenmaschine geben.

2. Die Milch in einen Topf gießen und auf hoher Stufe bis kurz vor den Siedepunkt erhitzen. Ein Drittel der Milch über die Pistazien gießen und mit dem Stabmixer zu einer dicken Paste pürieren. Die Paste in die Milch rühren, den Topf abdecken und 4 Stunden ruhen lassen. Durch ein Haarsieb streichen, die Flüssigkeit auffangen und die Paste wegwerfen.

3. Die Pistazienmilch auf kleiner Stufe erhitzen. Den Zucker einrühren, bis er aufgelöst ist. Die Speisestärke in einer Schüssel mit 4 Esslöffeln Pistazienmilch verrühren, bis eine glatte Mischung entsteht, dann zur Pistazienmilch geben. Unter ständigem Rühren bis kurz vor den Siedepunkt erhitzen, dann weitere 10 Minuten köcheln, bis die Mischung andickt. Bei Klumpenbildung die Mischung durch ein Sieb streichen.

4. Die Eismischung in eine tiefkühlfeste Servierschüssel füllen, abkühlen und einfrieren. 20 Minuten vor dem Servieren in den Kühlschrank stellen, damit das Eis weich werden kann. Eiskugeln auf Schalen verteilen.

5. Inzwischen für die Sauce die Schokolade in einer hitzebeständigen Schüssel über einem leicht köchelnden Wasserbad schmelzen, dabei ständig rühren. Sahne, Vanillearoma, Butter und Salz unterrühren. Vom Herd nehmen, abkühlen lassen und über das Pistazieneis geben.

ERGIBT ETWA 500 g

200 g ausgelöste, ungesalzene Pistazien
700 ml Milch
85 g Zucker
3 EL Speisestärke

SCHOKOLADENSAUCE
175 g dunkle Schokolade, fein gehackt
4 EL Sahne
¼ TL Vanillearoma
15 g Butter
1 Prise Salz

Mamas kleiner Tipp:
Es ist nicht unbedingt nötig, die Pistazien von der Haut zu befreien, aber es gibt dem fertigen Eis eine klare, frische Farbe. Sie können den Schritt auslassen, aber die Farbe wird weniger ansprechend aussehen.

Granita di limone

Zitronen-Granita

FÜR 4 PERSONEN

450 ml Wasser
115 g Zucker
225 ml Zitronensaft
abgeriebene Schale von
1 Zitrone

1. Das Wasser in einem Topf auf kleiner Stufe erhitzen. Den Zucker zufügen und ständig rühren, bis er sich aufgelöst hat. Aufkochen, dann vom Herd nehmen und abkühlen lassen.

2. Zitronensaft und -schale in den abgekühlten Sirup rühren.

3. Die Mischung in einen tiefkühlfesten Behälter gießen und 3–4 Stunden in den Gefrierschrank stellen.

4. Dann den Behälter aus dem Gefrierschrank nehmen und den Boden in heißes Wasser tauchen. Den Eisblock herauslösen und grob hacken, dann in eine Küchenmaschine geben und zerkleinern, bis sich kleine Kristalle bilden.

5. In Dessertgläser füllen und sofort servieren.

Cannoli Siciliani

Cannoli mit Schokoladen-Orangen-Creme

1. Ei und Marsala mit dem Schneebesen verquirlen. Mehl, Zucker und Salz in der Küchenmaschine mischen. Bei laufendem Motor langsam die Eimischung zugießen. Den Teig auf eine bemehlte Arbeitsfläche geben und kneten. Zu einer Kugel formen, in Frischhaltefolie wickeln und mindestens 1 Stunde in den Kühlschrank legen.

2. Inzwischen für die Füllung Ricotta, Brandy und Vanillearoma cremig rühren. Kakaopulver und Puderzucker hineinsieben und kandierte Orangen, Schokolade, Orangenschale und Zimt unterrühren. Abdecken und im Kühlschrank aufbewahren. Den Teig in vier gleich große Stücke schneiden. Mit einer Nudelmaschine einen Streifen von 50 cm Länge rollen oder auf einer bemehlten Arbeitsfläche zu einem dünnen Teig ausrollen. 4 cm große Vierecke aus dem Teig schneiden.

3. Cannoli-Backrollen mit Öl einfetten und um jede diagonal ein Teigstück rollen. Die beiden leicht überlappenden Teigecken mit Wasser fest aufeinanderdrücken. Öl zum Ausbacken auf 180–190 °C erhitzen. 2–3 Cannoli-Rollen mit Teig in das Öl legen und ausbacken, bis der Teig goldbraun ist. Die Rollen aus dem Öl heben und auf Küchenpapier abtropfen lassen. Damit fortfahren, bis der Teig aufgebraucht ist, die gebackenen Cannoli vorsichtig von den Rollen schieben und diese wieder gut einfetten. Die frisch gebackenen Cannoli können bis zu 3 Tage in einem luftdichten Behälter aufbewahrt werden. Kurz vor dem Servieren die Cannoli von beiden Seiten füllen. (Wenn man sie im Voraus füllt, werden sie weich.) Etwas Puderzucker darübersieben und sofort servieren.

ERGIBT 20–24 STÜCK

1 Ei
2 EL Marsala
175 g Mehl, plus etwas mehr zum Bestäuben
2 TL Zucker
1 Prise Salz
Sonnenblumenöl, zum Einfetten und Ausbacken
Puderzucker, zum Garnieren

SCHOKOLADEN-ORANGEN-FÜLLUNG

750 g Ricotta
2 EL Brandy
2 TL Vanillearoma
2 EL Kakaopulver
3 EL Puderzucker, plus etwas mehr zum Garnieren
4 EL gehackte kandierte Orangen
3 EL gehackte dunkle Schokolade
fein abgeriebene Schale von 2 Orangen
1 Prise gemahlener Zimt

1

2

3

Tiramisù

Tiramisu

1. Eine hitzebeständige Schüssel über einen Topf mit köchelndem Wasser setzen. In der Schüssel im Wasserbad das Eigelb mit Zucker und Vanillearoma cremig rühren.

2. Die Schüssel aus dem Wasserbad heben und abkühlen lassen. Gelegentlich rühren, damit sich keine Haut bildet.

3. Wenn die Eigelbmischung erkaltet ist, den Mascarpone gründlich unterrühren.

4. In einer separaten, sauberen Schüssel das Eiweiß steif schlagen, dann vorsichtig unter die Mascarponemischung heben.

5. Kaffee und Rum in einer flachen Schüssel mischen. 8 Löffelbiskuits kurz hineintauchen und auf dem Boden einer tiefen, breiten Auflaufform anrichten.

6. Ein Drittel der Mascarponemischung gleichmäßig auf den Löffelbiskuits verstreichen. Diese Schichtung zweimal wiederholen, mit einer Schicht Mascarpone abschließen. Mindestens 1 Stunde kalt stellen.

7. Den Kakao über die Oberfläche sieben und mit Schokolade bestreut servieren.

FÜR 6 PERSONEN

4 Eigelb
100 g Zucker
1 TL Vanillearoma
500 g Mascarpone
2 Eiweiß
175 ml starker schwarzer Kaffee
125 ml Rum oder Brandy
24 Löffelbiskuits
2 EL Kakaopulver
2 EL fein geriebene dunkle Schokolade

Torta di ricotta al forno

Italienischer Käsekuchen

Mamas kleiner Tipp:
Ein paar Sultaninen für 30 Minuten in Marsala einweichen, dann mit den Mandeln unter die Kuchenmischung heben.

FÜR 4–6 PERSONEN

Butter, zum Einfetten
350 g Ricotta
3 Eigelb, verquirlt
100 g Zucker
4 EL Marsala oder Rum
55 g gemahlene Mandeln
fein abgeriebene Schale von
1 Zitrone oder 1 kleinen Orange
Puderzucker, zum Garnieren

1. Den Backofen auf 180 °C vorheizen. Eine Springform von 18 cm Ø einfetten und beiseitestellen.
2. Mit einem großen Löffel den Ricotta durch ein Sieb in eine Schüssel streichen. Eigelb und Zucker zugeben und rühren, bis der Zucker aufgelöst ist. Marsala, gemahlene Mandeln und Zitronenschale unterrühren.
3. Die Ricottamischung in die vorbereitete Backform geben und die Oberfläche glatt streichen. Im vorgeheizten Ofen 1–1¼ Stunden backen, bis sich der Kuchen gesetzt hat und vom Rand der Springform löst.
4. Den Backofen ausstellen und den Käsekuchen 2–3 Stunden bei geöffneter Tür langsam darin auskühlen lassen.
5. Wenn der Käsekuchen abgekühlt ist, vorsichtig aus der Springform lösen und auf eine Kuchenplatte heben. Kurz vor dem Servieren mit Puderzucker bestäuben.

Panna cotta con prugne

Panna cotta mit gewürzten Pflaumen

FÜR 4 PERSONEN

4 Blatt Gelatine
300 ml Milch
250 g Mascarpone
100 g Zucker
1 Vanillestange, der Länge nach halbiert

GEWÜRZTE PFLAUMEN

8 rote Pflaumen, halbiert und entsteint
3 EL klarer Honig
1 Zimtstange
1 feiner Orangenstreifen
1 EL Balsamico

1. Die Gelatineblätter 10 Minuten in 4 Esslöffel Milch einweichen.

2. Restliche Milch, Mascarpone, Zucker und Vanillestange in einem Topf unter ständigem Rühren vorsichtig erhitzen, bis sich eine glatte Flüssigkeit ergibt, dann aufkochen.

3. Vom Herd nehmen, die Vanillestange entfernen und die Gelatinemischung zugeben. Verrühren, bis die Gelatine vollkommen aufgelöst ist.

4. Die Mischung auf vier Förmchen von je 200 ml Fassungsvermögen verteilen. In den Kühlschrank stellen, bis sich die Mischung gesetzt hat.

5. Pflaumen, Honig, Zimtstange, Orangenzesten und Balsamico in einen Topf geben. Den Topf abdecken und 10 Minuten auf kleiner Stufe kochen, bis die Pflaumen weich sind.

6. Den Boden jeder Puddingform kurz in heißes Wasser tauchen und die Panna cotta auf Dessertteller stürzen.

7. Gewürzte Pflaumen mit ihrem Saft neben die Panna cotta auf den Teller geben und servieren.

Torta caprese

Schoko-Mandel-Kuchen

FÜR 8–10 PERSONEN

125 g Butter, gewürfelt, plus etwas mehr zum Einfetten
125 g Zucker
4 TL dunkles Kakaopulver
½ TL Backpulver
4 Eier
¼ TL Vanillearoma
2 EL Strega, Marsala oder Orangensaft
125 g dunkle Schokolade, sehr klein gehackt
200 g gemahlene Mandeln
Puderzucker, zum Bestäuben
Vanilleeis oder Mascarpone, zum Servieren

1. Den Backofen auf 180 °C vorheizen. Eine runde Springform von 20 cm Ø einfetten und mit Backpapier auslegen.

2. Butter und Zucker in eine große Schüssel geben und mit dem elektrischen Handrührgerät glatt und cremig schlagen. Kakaopulver und Backpulver durch ein Sieb zugeben und untermischen, dann die Eier einzeln unterschlagen. Vanillearoma und Strega einrühren.

3. Schokolade und gemahlene Mandeln einrühren. Den Teig in die vorbereitete Springform füllen und die Oberfläche glatt streichen.

4. Im vorgeheizten Ofen 1–1¼ Stunden backen, bis der Kuchen bei Fingerdruck fest ist oder beim Hineinstechen kein Teig mehr haften bleibt.

5. 5 Minuten in der Backform abkühlen lassen, dann aus der Form nehmen und auf einem Kuchengitter auskühlen lassen.

6. Kurz vor dem Servieren großzügig mit Puderzucker bestreuen. Mit einer Kugel Vanilleeis servieren.

Torta di cioccolato

Schoko-Nuss-Kuchen

FÜR 6-8 PERSONEN

Butter, zum Einfetten
Mehl, zum Bestäuben
225 g Haselnüsse
225 g dunkle Schokolade mit
70 % Kakaoanteil
225 g blanchierte Mandeln
5 EL Brandy
2 EL Espresso
1 TL gemahlener Zimt
2 EL Milch
225 g Zucker
5 große Eier, Eigelb und Eiweiß
getrennt, zimmerwarm
Mascarpone, zum Servieren

1. Den Backofen auf 180 °C vorheizen. Eine runde Springform von 25 cm Ø mit Butter einfetten und mit Mehl bestäuben.

2. Die Haselnüsse auf ein Backblech schütten und im vorgeheizten Ofen 5 Minuten rösten. Anschließend auskühlen lassen. Während die Haselnüsse im Ofen sind, die Schokolade in kleine Stücke hacken und mit den Mandeln in die Küchenmaschine geben. Dann zerkleinern, bis die Konsistenz von Semmelbröseln erreicht ist.

3. Das Mandelmehl in eine Schüssel geben und mit Brandy, Espresso, Zimt, Milch und der Hälfte des Zuckers verrühren. Das Eigelb unterschlagen. Die Haselnüsse aus dem Ofen nehmen und die Haut abreiben.

4. Die Haselnüsse in der Küchenmaschine zerkleinern, aber nicht zermahlen. Sorgfältig unter die Kuchenteigmischung mengen. In einer sauberen Schüssel das Eiweiß steif schlagen und den restlichen Zucker unterrühren. Den Eischnee mit einem Löffel unter den Kuchenteig heben. Dabei je einige Löffel mit einer schneidenden Bewegung unter den Teig heben, sodass nicht zu viel Luft aus dem Eischnee genommen wird. Den Kuchenteig vorsichtig in die vorbereitete Springform füllen und auf der mittleren Schiene des Ofens 1 Stunde backen, beim Hineinstechen darf kein Teig mehr kleben bleiben. Auf ein Kuchengitter stellen und auskühlen lassen. Mit Mascarpone servieren.

Pesche e amaretti

Amaretti-Pfirsiche

1. Den Backofen auf 180 °C vorheizen. Eine Auflaufform, in der die Pfirsichhälften nebeneinander Platz haben, einfetten.

2. Mit einem Teelöffel in der Mitte jeder Pfirsichhälfte die Aushöhlung des Steines etwas vertiefen und erweitern. Das dafür entnommene Pfirsichfleisch in einer Schüssel sammeln.

3. Amaretti, Eigelb, Butter und die Hälfte des Zuckers mit dem Pfirsichfleisch vermischen. Diese Mischung gleichmäßig in die ausgehöhlten Pfirsiche füllen, sie darf wie ein Häufchen auf dem Pfirsich sitzen.

4. Dann die gefüllten Pfirsichhälften in die vorbereitete Backform setzen, den Wein über und um die Pfirsiche träufeln und den verbleibenden Zucker über die Pfirsichhälften streuen.

FÜR 4 PERSONEN

4 Pfirsiche, halbiert und entsteint
55 g Amaretti, zerbröselt
1 Eigelb, verquirlt
30 g weiche Butter, plus etwas mehr zum Einfetten
30 g brauner Zucker
150 ml trockener Weißwein
Mascarpone, zum Servieren

5. Im vorgeheizten Ofen 25–30 Minuten backen, bis die Pfirsiche weich sind und zu bräunen beginnen. Sofort servieren oder vor dem Servieren abkühlen lassen und mit Mascarpone servieren.

Mamas kleiner Tipp:
Fall Sie es noch süßer mögen, nehmen Sie Marsala anstelle des Weines. Pfirsiche mit Marsala sind eine ganz typisch italienische Geschmackskombination.

Biscotti alle mandorle

Mandel-Biscotti

1. Den Backofen auf 180 °C vorheizen. Zwei Backbleche mit Backpapier auslegen.

2. Die Mandeln grob hacken und einige ganz lassen. Mehl, Zucker, Backpulver und Zimt in eine Rührschüssel sieben. Alle Mandeln unterrühren.

3. In einer kleinen Schüssel die Eier mit dem Vanillearoma vermengen, dann zur Mehlmischung geben und alles zu einem festen Teig verrühren. Den Teig auf eine bemehlte Arbeitsfläche legen und leicht kneten.

4. Den Teig in zwei Teile schneiden und jeden zu einem 5 cm dicken Laib formen. Auf die vorbereiteten Backbleche legen und mit Zucker bestreuen. Im vorgeheizten Ofen 20–25 Minuten backen, bis der Teig fest ist.

5. Aus dem Ofen nehmen und leicht abkühlen lassen, dann auf ein Küchenbrett legen und in 1 cm dicke Scheiben schneiden. Die Ofentemperatur auf 160 °C reduzieren.

6. Die Teigscheiben flach auf die Backbleche legen. 15–20 Minuten im vorgeheizten Ofen backen, bis sie trocken und knusprig sind. Auf ein Kuchengitter legen und auskühlen lassen.

7. In einem luftdichten Behälter können die Plätzchen bis zu einer Woche knusprig aufbewahrt werden.

ERGIBT ETWA 35 STÜCK

250 g ganze blanchierte Mandeln
200 g Mehl, plus etwas mehr zum Bestäuben
175 g Zucker, plus etwas mehr zum Bestreuen
1 TL Backpulver
½ TL gemahlener Zimt
2 Eier
2 TL Vanillearoma

Zabaglione con frutti d'estate

Zabaglione mit Sommerfrüchten

1. Die Früchte in eine Schüssel geben, Vanillezucker und Orangenschale unterrühren. Mit Frischhaltefolie abdecken und mindestens 1 Stunde ruhen lassen.

2. Für das Wasserbad eine hitzebeständige Schüssel auswählen, die auf einem Topf mit etwa 5 cm kochendem Wasser sitzt, ohne das Wasser zu berühren. Beiseitestellen.

3. Den Topf mit Wasser bis kurz vor den Siedepunkt erhitzen.

4. Eigelb und Zucker in die hitzebeständige Schüssel geben und mit dem elektrischen Handrührgerät schlagen, bis der Zucker aufgelöst ist. Den Marsala einrühren.

5. Nun die Schüssel über das siedende Wasser stellen und die Mischung 5–8 Minuten weiterrühren, bis sie dick und cremig ist. Der Boden der Schüssel darf das Wasser nicht berühren, sonst wird das Eigelb zu Rührei.

6. Die Früchte noch einmal umrühren und, falls nötig, mit Vanillezucker nachsüßen. Die Früchte auf vier Glasschalen verteilen und die heiße Zabaglione-Creme darübergeben.

7. Mit Löffelbiskuits sofort servieren.

FÜR 4 PERSONEN

250 g gemischte Sommerfrüchte, z.B. gesäuberte und in Scheiben geschnittene Erdbeeren, Himbeeren, Brombeeren und Blaubeeren
1 EL Vanillezucker (nach Geschmack)
fein abgeriebene Schale von 1 Orange
3 Eigelb
4 EL Zucker
85 ml Marsala
Löffelbiskuits, zum Servieren

Fragole balsamiche

Balsamico-Erdbeeren

Menu

FÜR 4 PERSONEN

400 g Erdbeeren, bei Bedarf etwas mehr
2 EL Zucker (nach Belieben)
1 EL gereifter Balsamico (nach Belieben)
Pfeffer, zum Servieren

1. Zu weiche oder nicht einwandfreie Erdbeeren aussortieren. Den Strunk entfernen, die Erdbeeren halbieren und in eine Schüssel legen.

2. Zucker und Balsamico in eine Schüssel geben und vorsichtig miteinander vermengen. Die Erdbeeren zufügen und sorgfältig unterrühren. Mindestens 1 Stunde bei Zimmertemperatur ruhen lassen, doch nicht länger als 3 Stunden.

3. Vor dem Servieren noch einmal umrühren, abschmecken und nach Belieben noch etwas Zucker oder Balsamico zugeben.

4. Etwas frisch gemahlenen Pfeffer über die Erdbeeren geben und sofort servieren.

Register

Register italienischer Rezeptnamen